销售有道

理财师专业技能进阶丛书

新思维

理财师营销技巧与话术

销售有道编委会◎编

U0845820

中国财富出版社

图书在版编目（CIP）数据

新思维：理财师营销技巧与话术 / 销售有道编委会编. —北京：中国财富出版社，2016.8（2018.1 重印）
（理财师专业技能进阶丛书）
ISBN 978 - 7 - 5047 - 6212 - 2

Ⅰ. ①新…　Ⅱ. ①销…　Ⅲ. ①金融投资 - 基本知识　Ⅳ. ①F830.59

中国版本图书馆 CIP 数据核字（2016）第 162379 号

策划编辑　宋　宇　　责任编辑　宋　宇
责任印制　石　雷　　责任校对　杨小静　　责任发行　张红燕

出版发行　中国财富出版社
社　　址　北京市丰台区南四环西路 188 号 5 区 20 楼　　邮政编码　100070
电　　话　010 - 52227588 转 2048/2028（发行部）　010 - 52227588 转 307（总编室）
　　　　　010 - 68589540（读者服务部）　010 - 52227588 转 305（质检部）
网　　址　http://www.cfpress.com.cn
经　　销　新华书店
印　　刷　北京京都六环印刷厂
书　　号　ISBN 978 - 7 - 5047 - 6212 - 2/F · 2627
开　　本　710mm × 1000mm　1/16　　版　　次　2016 年 8 月第 1 版
印　　张　15.5　　印　　次　2018 年 1 月第 5 次印刷
字　　数　230 千字　　定　　价　68.00 元

版权所有 · 侵权必究 · 印装差错 · 负责调换

卷首语

把“销售有道”公众号的文章菁华集结成册，记录时光更迭以及与读者的点滴……

我认真重读了每一篇文章，能够确定的是，这本书对理财经理而言，会大有裨益。

“销售有道”公众号自2014年3月推出第一篇文章以来，一直在营销增效的服务上期望有所建树。正如我们的信条：让理财销售更简单。

从前年至今，我们一同经历了：天津港事件、特别提款权（SDR）、欧洲难民危机、欧洲反恐、股票注册制、“九·三阅兵”、“习马会”、亚投行成立、中国经济新常态、银行降息、“资产荒”、E租宝金融诈骗、中国经济滑坡、“新三板”上市、颐和酒店女子遇劫事件、“中晋”金融诈骗……

不过说实话，我也许会更在乎谁的财富升值，谁又升任银行行长，谁又跳槽离职，谁又融到“天使资金”……当然，还有谁因为看了“销售有道”，感觉有些许的帮助。

对于世间众人来说，多数时间生活在普通人的圈子里，普通人的圈子的特征是认真过好自己的每一天。所以，大多数普通人都希望自己不要在负累中前行，不要在勤奋与闲散中踌躇，不要对失去恐惧，不要弄潮时心事重重。嗟叹只在过去时，请相信明天会更好！

虽然是卷首，还是有四个词与读者共勉。

坚 持

这个时代的特征是改变，改变中最难得的是坚持。蓦然回首，我们会发现，不知不觉中社会已经进入一个全新的阶段。我经常在想，如果有人像电影情节一样，十年前入睡，今朝醒来，不知是否还能融入当下的环境。

在其中，适应变革，更要有所坚持。股市跌宕中，坚守配置底线；在电子化、数字化、信息化超流量的交流中，坚持真情实感。

在充满变数的今天，选择一种对的信念，坚持下去，明天，定有收获。

健 康

这个话题要轻松地谈。

根据世界卫生组织调查发现：人类健康 15% 取决于遗传，10% 取决于社会条件，8% 取决于医疗条件，7% 取决于自然环境，60% 取决于自身生活方式。

这个要向有道作者红脸君学习，有位粉丝给我们寄来的保健品，他都让我们先吃，没事他才吃……

另外，2016 年每顿饭都要管住自己，不管是鲍鱼、龙虾还是大闸蟹，少吃大鱼大肉，少喝酒，身体更健康。

环 境

良好的工作环境，更容易让你的事业在 2016 年蒸蒸日上。勤奋只是其一，融入环境则更关键。

对领导，要充分领会意图，就像小品《配角》里所说的：

领导：我还没“开枪”呐，你怎么就倒下了？

员工：哎呦，这不才显得您枪法准嘛！

对同事，没事就把表扬放在嘴边上，“我看你骨骼惊奇，是万中无一……”没事不要站在人家的对立面想问题，挑战别人不是理财经理的思维方式。就算人家做错了，也要深怀同情心：上来就道歉，“我们来晚了！”这样，你的朋友就会多起来。那种电视剧里活不过两集的人，指定干不了理财经理。

家　人

或者这些年你做过很多公益，并不代表你无愧于自己的家人。若要鸿运当头，背后一定不能缺少你的家人。理财经理辛苦总是挂在嘴边，但辛苦背后还有家人的陪伴。想想多少个日子没有跟老人好好地聊聊天，没有下班接过孩子，或是为爱人准备过一顿丰盛的晚餐了。

给自己一个计划，无论是帮助老人出一本回忆书，还是制订几次年度的家庭远行，让生活的美好点缀在我们忙碌的日子中。

《新思维：理财师营销技巧与话术》这本书是一个理财经理的工具，但希望本书的内容是有温度的、有情怀的。本书由“销售有道”公众号的菁华文章集结而成。由于公众号的成功，所以才有了销售有道若干个班级讨论群，所以我们充满正向的能量，所以我们想的更多的是付出而非索取。我们更希望在理财增效的背后，蕴藏着对客户的责任、家庭的情感以及更加关注与理财经理们共同前行。

财富管理会加速变革，理财经理这个职业天生就是光环烁烁，鸿运当头。期望此书的读者中，会有更多的牛人理财经理。

相信梦想，但更相信努力的力量。所有成功的背后一定是辛苦堆积的努力，是坚持的累积。

陪伴在你的左右，见证你的成功。待到山花烂漫时，你在丛中笑。到那时，俺们坐在你通向成功的大路边为你鼓掌！

感谢所有读者！本书文章特约作者多数来自银行、券商、基金、信托、金融培训、财经媒体，平均从业年限十年。在此，特约作者：付昊涵、周鹏、对门老李、一班长、君不见、兜兜转、太阳花、红脸君、道哥、赵律向读者致敬。书中一定会有疏漏、错误之处，请海涵。

销售有道编委会

目录 CONTENTS

上篇　技巧篇

中篇 定投篇

下篇 财闲篇

上篇
技巧篇

第一章 有效沟通——客户交流技巧

一、月薪三千的理财经理和月薪三万的理财经理差别在哪儿

对门老李

理财经理经常会面对这样一个问题：你这里销售的基金保本吗？如何回答？如果我们以成交的概率做评判，大概是这样的。

合格的回答：

不保本，投资基金有风险，不承诺保本。

优秀的回答：

基金投资是专业的管理人投资二级市场（股市），短期市场有涨跌，因此不能承诺保本，但是长期市场向好，买入大概率是能赚钱的。

话术

您买基金不是就为了保本吧！那么多保本产品，为什么还买基金？就是为了分享国家经济增长，就是认为股市指数在2800点以下时会有大机会，就是对政府有信心。

我不知道您今天买了这只基金，明天情况怎么样，但是我知道过去十年，基金平均一年收益增长20%，没有哪个理财、信托产品增速得比它快！准备投的是闲钱吗？是，就可以投资。来，我帮您测评一下风险，看看投多少合适！

在作者的概念里，“合格”的回答就是月薪三千的理财经理，而高手就是月薪三万的理财经理。当然，真正做到月薪三万，不仅仅是销售结果

的表象，还有背后多种技能知识的积淀。没有哪个高收入的理财经理，一上手就注定了高收入。只有经历了风雨实践，才见彩虹收获。

以下是作为优秀理财经理与客户沟通时必须具备的素质。

1. 建立场景

作为理财经理，需要从客户的角度出发，替客户勾画应用场景。比如推荐一款熊猫金币，如果你去介绍纯度、工艺、价格优势，给客户的感觉是什么?“说得都不错，关我什么事?”

如果理财经理在了解到该客户家里有小朋友的情况下，就可以告诉客户，这个特别适合当传家宝，一年一套给小孩存着，小孩成家时当礼物送给他。这样就定位了场景，就更容易销售。

2. 介绍通俗

理财经理可以用客户熟悉的事物来解释陌生的产品。比如，前些日子，货币基金收益高企的时候，主要贡献来自协议存款。那么，就可以用“团购存款”给投资人解释。“团购”大家都明白，人多议价能力强，“存款”安全性高，这样就能把货币基金收益解释清晰了。

3. 两手准备

理财经理推荐产品之前，需要规划好客户有哪些质疑，并为客户提供多种选择。比如，推荐信托背后，准备好大额存单；推荐股票基金背后，准备好理财产品。

4. 鲜明风格

基金经理要有自己的风格，理财经理同样也要有自己的风格。比如台湾地区各党派主席需要党内民选，历任党主席都有自己的特点。比如马英九的特点是英俊，宋楚瑜的特点是爽快，陈水扁在台湾的标签是励志，洪秀柱的特点是正直。有了这样的风格标签，才能够更好地让一部分人喜欢你。

5. 销售敏感

建立销售敏感性是增加营销机会的重要窗口。有句广告语叫作“新闻每天发生，视角各有不同”，这运用在营销上面最恰当不过。比如在降息周期，央行一旦降息，可以推荐的产品包括基金、黄金、理财、债券、大额存单等。

6. 诚心待人

技巧是手段，诚心是根本。理财经理需要从客户的角度出发，推荐自己真正认同的产品。符合客户利益是理财经理工作的起点。理财经理自己不认同的产品还执意给客户推荐，最后不可能成长为卓越的理财经理。作者特别认同那句话：“以利相交，利尽则散；以势相交，势败则倾；以权相交，权失则弃；以情相交，情断则伤；唯以心相交，方能成其久远。”

二、实用话术：赞美客户的十大金句

对门老李

赞美的效果是有很大差异的，低层次的赞美让人感觉无所触动，而高层次的赞美是一种“润物细无声”的感觉。有这样一个小故事：

古时候有一京城官吏去外上任，按照传统向恩师辞行。恩师语重心长地提示：“出外做官不比京城，徒儿需小心行事，切勿处不好关系，无端生出许多事端。”官吏回答道：“恩师，勿挂，学生准备了一百顶高帽子，逢人就送上一顶，盛赞之下应该不会有麻烦。”恩师平日最忌讳这些官场之事，闻此言非常生气：“为师反复告诫你，要为人正直，不能蝇营狗苟，随波逐流，你怎么想做如此之事！”官吏说：“恩师息怒，徒儿也是不得已而为之，天底下像恩师这样正直清白，不喜欢戴高帽的能有几人？”恩师一听，说：“你说的也对。”

从恩师家里一出门，官吏对其朋友说：“我原来准备的一百顶高帽，现已剩下九十九顶了。”

对于理财投资人而言，我们当然还要准备一些专用的赞美话术送给他们，因为投资者是需要赞美与肯定的。

话术

(1) 您这次波段做得太漂亮了，市场感觉真的很好！您是通过什么分析来做决定的，技术分析还是政策分析？

(2) 您不要谢我，如果不是您打消我的顾虑，让我按照投资纪律进行操作，咱们不可能规避后面这些下跌。您是运筹帷幄的，我是前面冲锋陷阵的。

(3) 您对市场分析把握得很到位，要不是我认识您，我还认为您是专业证券分析师呢。

(4) 您是我见过的对保险了解最深刻的投资者了。

(5) 您给我的第一印象就是做事有思路、有条理，怪不得您是我们行的贵宾客户，真是事业的成功者啊！

(6) 说实话，您能很理性地关注到实物黄金，关注到我们银行的理财产品，我觉得您的洞察力很敏锐。

(7) 您对定期、定额的金融产品理解得很独特，与您谈话感觉能学到很多东西。

(8) “家有一老，如有一宝”啊！难怪我说李女士能够做基金做得这么好，原来是阿姨您一直在把握大方向。

(9) 您能把黄金积存坚持这么长时间，最后获得好的收益，我真的很佩服。

（10）您赔了20%已经不错了！你看这轮大盘都跌了50%了。

以上为大家列举的是赞美客户的各种方法，但要注意的是，在实际应用中，切勿生搬硬套，一定要在合适的语境下，用合适的语言表达出来，这样才不会生硬，才更有效果。赞美客户的时候，一定要真诚，用心去赞美别人，别人才会与你产生共鸣。

三、在营销中如何切中客户的“痛点”

对门老李

理财经理是销售什么的？存款、黄金、基金、保险、理财……其实销售的就是帮助客户实现对资产保值增值的梦想。回到这个原点，在帮助客户实现这一梦想的基础上，我们再去谈销售技巧，才有更多的现实意义。如果说原则，对理财经理而言，大道至简，有三个基本点：

（1）风险与收益成正比；

（2）资产配置对冲风险；

（3）逆向思维恐惧贪婪。

理财经理可以围绕这三点，准确地切中客户的痛点。

例如，当老年客户要转到外部做高息理财时，理财经理应如何应对呢？

话术

您这么大年纪，不建议您做不保本保息的产品。这类产品利息高了点，风险肯定也大。您说本金安全重要，还是多一点利息重要？

在产品推荐的时候，理财经理要了解到客户最关心什么。比如，年轻的妈妈都知道尿不湿非常便捷，但是阻碍年轻妈妈选购尿不湿的最大障碍是什么？不是价格，而是老一辈人对尿不湿不认同。了解到这个痛点，某尿不湿厂商改变了品牌的策略，广告语是：告别红屁屁。这样，年轻妈妈将理直气壮地使用尿不湿。

让客户认真倾听你的语言，可以有一些技巧：

技巧1：并非简单的陈述描述产品。

普通：我建议您在当前买入黄金产品……

加特效：我近半年一直不给客户推荐黄金，但是，现在我开始推荐了……

技巧2：提供有价值的信息。

普通：您现在不妨做一下美元理财……

加特效：上周四，人民币贬值332个基点，美国加息预期很强，所以说……

技巧3：引发好奇心理。

普通："定投"是一种有效的理财方式……

加特效：一个上班族，工作很忙，不懂股市，没办法一次大额投入，却在过去三年收益120%……

做销售对工作人员语言能力要求很高，要具有较强的洞察力和对事情反应的敏感度，才更容易提高工作效率。不是说随便说说哪个产品好，客户就会认为如此，这和说"月亮围着地球转"一样没有意义。要用心去讲话，做一个让客户更喜欢与你交流的理财经理。接下来，我们借鉴下锤子手机创始人罗永浩在锤子手机发布会上的回答技巧，看一下"老罗"是如何在讲话上加特效的：

问：为什么那么多行业不做，你却做手机？

答：我从小有造物情结（渊源），成年后最爱数码产品（激情），绝大多数人都喜欢数码（需求），我懂设计，在人机交互方面是天才（优势），这行唯一聪明的人死了（机会）。科技行业有无限可能性，这行能通过处心积虑的改善人类生活品质来获得事业的发展，让我享受工作远超过享受生活（愿景、使命、理想）。

不得不说，罗永浩是一个说话的高手。

姓罗的还有一位是《逻辑思维》的主讲人罗振宇。按理说，我们认为一个人承诺了某件事情，就必须做到。但是，他在主持 papi 酱（网络红人）贴片广告的发布会上，也遇到这样的问题。在无害于他人的前提下，他用语言化解了问题。

有人现场提问：papi 酱会不会承诺自己以后不再做广告。

罗振宇说：你怎么知道？（反问，转移对方思维）曾有人问马云，你不是说以后不会上市吗，最后怎么还是上市了？（例证）

孔子有句话："言必信，行必果，硁硁然小人哉。"（名言，戳中对方痛点）

只有小人才这么要求别人。君子永远随时应变。（贴上标签）

机智也好、诡辩也好，此番发言赢得了全场掌声。当然，罗振宇有一个目的是压倒这个提问者，给其他人看。而作为理财经理，很多时候并不是要证明我们比客户厉害。还是希望大家不要轻易承诺，承诺了还是尽量要做到。

四、重要语言不是简单重复三遍就行

对门老李

重要话说三遍突然流行起来，关于出处，有的人说是来自尼采，宅男说来自日本漫画，影迷说来自《三体》，也有人说来自综艺节目。作者考证许久，结论是来自王洛宾的《咏鹅》，因为头一句就是"鹅、鹅、鹅……"

玩笑开过，研究一下为什么重要的话要说三遍，在销售中如何说好三遍话。

1. “三”字围绕生活方方面面

有些人读史喜欢看“三国”、恭维喜欢说“三生有幸”、启蒙要看“三字经”、找人要“掘地三尺”……

“三”在口语中的表达，确实要比其他数字感觉更有效。比如，两个人赛跑，一个人喊口令，一般都是“一、二、三……”，如果要说“一，跑”，没准对方会感觉这是吃了什么不消化的东西。

2. “三”在心理上是一种安全感

瑞士心理学家荣格把人内心深处比自己亲身经历更深刻的东西称为“原始意象”，它是先天就存在的。“三”这样的印象在古人们记忆中形成了这样的沉淀，变成了原始意象。像“三”这样的代表着美好的概念逐渐在人的内心形成。

在语言传递中，三遍代表的是一种踏实，所以更加受用。三角形，是最稳定的形状，也在加深人们的记忆。

3. “三”在金融销售中的应用

金融产品销售对于陌生人来说，总是要有一个过程。指望一见面就签个百十万的理财合约，做个百十万的期缴合约，买个百十万的贵金属产品，基本是不可能的。

金融产品销售是一个从信任到了解的过程。有些理财经理刚接手前任留下的客户，感觉很难切入。老李支招，做好两点：第一，心态莫急，坦然面对；第二，要有“三顾茅庐”的精神。客户是否会购买相应的理财产品，至少需要和客户沟通三次之后再下结论。

交流产品重复三遍，但绝非是简单陈述，而是脉冲式提示。例如销售一款投资型金条，强调资产配置，我们要怎样去描述呢？

话术

张先生，考虑到目前人民币贬值可能引发多国竞争性货币贬值，我建议您考虑一下黄金配置……没错，黄金目前已经低迷多年，这个位置价格已经相对安全，所以要对黄金进行配置。个人更建议您买投资型金条，溢价少、变现容易，更重要的是，这样更容易实现黄金在家庭配置中的功能。这样，我带您看看样品金……

理财经理请运用好“重要的话说三遍”，以提升成交效率。

五、理财销售如何让语言更有说服力

对门老李

新入职的理财经理在讲产品的时候，往往会语言苍白，说话没有底气，甚至出现“不知道自己说什么”的情况。建立良好的语言逻辑，让自己的话语有说服力，是理财经理必修的功课。

如何让自己的语言有说服力，给新人几个建议，供参考。

1. 建立产品自信

如果连自己对产品都没有建立起信任，如何能够传导给投资人？如果自己都不信任的产品，那这种销售是不是有“骗”的痕迹？如果把自己不认同的产品销售给投资人，这种理财经理一定不是想做职业理财经理。

理财经理建立产品自信，可以通过对产品多学习，经常领悟产品经理的讲座内容，逐步完成从陌生到认知的过程。比如，理财经理要推荐一只油气类的基金产品。目前原油市场是低迷的（2016 年年初），原因是美国对俄罗斯的制裁、页岩气的影响、全球经济增速的放缓等。但是，原油不是黄金，实实在在的需求在那里。无论是俄罗斯政治和经济的改善，还是页岩气公司的破产，美国总统奥巴马对原油价格底部的表态，甚至是特斯拉公司股价的大跌，都支撑油价在底部盘整。基于此，购买油气类的基金正当时。

此时理财经理向投资人推荐产品的理由充分，说服力自然提升。

2. 调动语言情绪

语言是需要训练的。《疯狂英语》的李阳，之前的声音并不像现在充满磁性，介绍其声音“声如洪钟”的秘诀时，他就提到，经常说，没事喊。声音是可以锻炼的，当你的声音开始变得沉稳的时候，说话力度自然地加强。这个过程，需要运用你最好听的声音。在这之前，可以尝试抑扬顿挫，如果说话比较着急，可以适时提醒自己慢速讲话。

3. 站在客户角度

换位思考是理财经理销售产品充满说服力的源泉，首先考虑客户要什么，如果客户需要的是产品避险，我们推荐的则应该是国债、实物金、保险等产品；如果投资人希望避税，我们则推荐基金分红，寿险、投联、黄金等品种。站在客户的角度说问题，自然具有说服力。

4. 做好竞品分析

理财经理有时非常怕客户用别人的产品做比较，特别是标准化产品的基金、黄金、理财，甚至是赠品。理财经理其实不担心客户找什么样的产品来比较，但是怕客户找的产品自己不了解。因此适当了解其他同类产品，也是理财经理提高自己说服力的重要工具。销售一个产品之前，知道其他金融机构大概是什么情况，做好准备，往往可以出奇制胜。

5. 善于运用佐证

证明可以是一个老客户，可以是一个证书，可以是一个案例，可以是很多东西。证据可以增信，证据可以加速销售。

多说一句，很多新人如果信心不足，没关系，多考几个证书，当你的理财室挂满证书的那一天，没有投资人会怀疑你的实力。

六、销售人员与客户交流时的五个注意事项

一班长

理财经理是一个网点零售金融的窗口，是睿智和专业的化身。在客户

眼里，理财经理就是代表这个银行，那么，理财经理在日常与客户接触时，需要注意些什么？现在我们一同来分享。

1. 55/38/7 定律

西方学者总结得出了形象沟通的“55387”定律，即：决定一个人的第一印象中55%体现在外表、穿着、打扮，38%的肢体语言及语气，而谈话内容只占到7%。所以当理财经理无论和新客户、老客户见面时，一定要保持一个光鲜亮丽的外表。有人说都那么熟了，像朋友那样随便就可以，客户不会介意的，非也，如果你仅仅和客户以朋友的身份逛街、喝下午茶那是无所谓的，但凡和客户再聊一丁点儿和主业相关的事情，一班长建议都要以正式、一丝不苟的形象示人。因为理财经理要时刻铭记，我们是帮客户管钱的，无论我是一个菜鸟，还是一个资深人士。形象代表影响力，特别是当客户要把你带进他的圈子，理财经理的角色是显而易见的，就是告诉所有客户的朋友，我是他的财富顾问，当然也可以帮助他的朋友。理财经理朋友请记住，与客户第一次碰面，以貌取人一定是有道理的。

2. 华丽转“声”

理财经理天天坐在网点等大客户上门，不妨多用电话拜访的形式预约客户来网点。

最近和很多群友讨论电话营销，虽然电话营销在国内还处于比较初级的阶段，但是我们换个形式，电话邀约可好？很多朋友会问，电话营销的话术如何才能更有效。其实，在说话术之前我们问问自己，电话沟通的效果比面对面沟通至少打了对折。与其希望在电话里将产品介绍给一个与自己素未谋面的客户，不如尝试将对方约到网点见面聊，效率更高。

要说见面最重要的是外表，那电话最重要的一定是声音（包括语气、语调、语速、语素、语质、语腔等）。我们不可能做到播音系毕业生的声线和咬字，但是电话中还是要传递给客户稳重、自信和专注的感觉。

很多客户经理在打电话邀约时常常像念贯口一样，突突突……把一大段话术讲完，如同完成任务，最后发现其实对方只是碍于礼貌还没挂电话。这样的电话其实每天打 100 个，还不如认认真真地给 10 个客户打电话邀约（某些银行对有效电话的认定是 80 秒通话时长，是有道理的）。用自己真诚且富有情感的声音让客户知道，原来自己有一个如此声音悦耳的理财经理，继而决定改天一定要见见。

3. 会问比会说更有效

很多理财经理见客户 1 小时，可以连续说上 50 分钟，最后客户说："好的，我买，我花钱买你歇会儿。"

一个优秀的理财经理，每次与客户见面都是充分了解客户的机会，特别是第一次与新客户见面，个人建议和客户交谈的时间最好是 3 : 7，70% 的时间让客户来说，我们要做的就是记录客户的投资经历、家庭情况、对银行服务的看法，等等；30% 的时间，就需要理财经理给客户介绍自己服务的特色，专门针对客户需求，对银行服务的特色着重加以介绍。随着和客户接触的次数增多，理财经理可以慢慢地导入产品，但是导入的前提是在客户问问题的过程中找到切入点，适时的介绍，并不是那种"我们刚好有款产品很适合您……"这类初级的推销模式。

4. 赞美

在有了 AFP、CFP（AFP、CFP 为金融职业认证）后，PMPMP（拼命拍马屁）也是一个与客户交流的重要技巧，这个拍马屁并不是那种阿谀奉承的夸，而是在与客户交流时对所有细节的把控和认可 。比如客户在描述当初创业的艰辛时，作为倾听者不妨随着故事的发展而露出不同的表情。当客户一次里程碑似的成功后，一定要表现出同样欢喜的表情。另外，当客户说最近想拿一笔钱去买 P2P（互联网金融点对点借贷平台），这时第一反应不要一味地去放大 P2P 的风险，而是要称赞"没想到李总您的投资意识那么超前，以前一直以为您对互联网金融这种高风险模式是不接受的，从您对于创新理财模式的接受速度，不难看出您的企业一定少不了创新的元素……"等，再做具体分析。

总之，在与客户交流中，多多肯定客户的决定，一定不会错的。

5. 专业展示

理财经理一定要专业，相信能当上理财经理的人专业知识一定不会差。笔者曾经去一家分行做培训，领导只有一个要求：要让理财经理变得专业。所以那次找了各种金工、宏观、行业专家，填鸭式的两天封闭培训。回去以后发现培训效果确实不错，不过在实践中，客户听完理财经理对宏观、行业、产品专业性的分析后，回应了一句“还是给我介绍一个收益高的、保本的产品。”

这里说的专业展示是如何将专业的内容转换为普通人也能听得懂的话，俗称“说人话”。当然，最重要的还是能真正有效地向客户传达对产品配置的看法。很多次看到理财经理介绍完产品，问客户有问题吗，客户说的“没问题”的意思是——其实我没听懂你在说什么，所以没问题。

综上所述，与客户交流是理财经理的基本功，注意上述五个事项可能会提高工作效率。建议新手朋友从一个点做起，从刻意到自然，从初始到成熟，从低级到高级，不断丰富自己。交流最重要的技巧就是多交流，让开口成为一种习惯。

第二章 语言力量——沟通技巧进阶

一、客户执意要离开，我们怎么办

对门老李

在客户关系管理中，有效留住客户的方式有三种：

第一种：让客户感受到理财服务的价值。

有效性服务是留住客户的基础，理财经理的职责是帮助客户实现资产的保值、增值。如果客户长期不能达到这一目标，必然会离去。因此，这一点是留住客户的根本，切勿舍本逐末。

第二种：通过客户生态让客户之间链接。

老李在很多文章中提到，如果能够把客户通过行业、偏好等相关因素，围绕理财经理建立客户生态，将创造更多的附加价值，这也是有效留住客户，提升客户黏性的基础。

第三种：持续个性化服务一对一的关怀。

客户关怀是我们在客户服务中最常用的方式，可以通过交流、活动等方式进行。当互联网时代开始创造沟通红利的背景下，理财经理也可以多考虑这一工具。

客户管理一般会经历以下几个阶段：存档—细分—关怀—更新。每个阶段都应实现服务与客户需求的重合。

很多朋友会提出，如何才算是关怀，是不是送个小礼品才算关怀。这种理解相对肤浅。老李认为：没有理由的礼品会破坏客户关系，会提高客户预期。客户关怀可以是：快速响应客户、对客户热情尊重、服务能够持续化标准化、换位思考客户所想……那么，如果客户执意要离开，我们将如何处理?

1. 表示理解，并问询客户我们服务的不足之处

变招：提示潜在的风险及或有损失，或申明我方类似的产品。

2. 祝贺客户，找到了更吻合其需求的产品

变招：回顾过去的时光，感谢客户，同时为客户高兴。

3. 提出期望

一方面明确表达其他产品上持续合作；另一方面表示仍将会持续服务。

提示

不要放弃，持续关注，接下来的时间，随时提醒工作更容易让客户回心转意。因为很多时候在客户刚转走一段时间，会存在一段不达预期的时间。

虽然我们无法承诺很多产品的收益率，但是我们可以提供多元化的产品为客户资产负责。

二、优秀的沟通会让对方感觉很舒适

对门老李

我在整理理财经理销售话术的时候发现，理财经理初次见面的寒暄都是从客户的感受端发起。例如，过去某专业型客户曾提到，A 股市场可能会止步于 3200 点，理财经理虽然自己不认同，但也不会马上拒绝，更多的是见招拆招。

话术

客户：大盘估计 3200 点不一定能站上去，这轮市场就差不多了。

经理：您说得很有道理，确实经济不景气制约了市场的高度，所以我现在出具的配置策略基本上都把权益资产控制到半仓以下，就是为了应对市场调整。不过好在经济基本已经到了底部，新常态么，大家也比较接受。所以我最近筛选了一揽子走势比较稳健、偏防御的基金，您帮我看看合适不合适……

这位理财经理说话的艺术来自先接过客户的观点，然后替换自己的逻辑。这第一办法，在语言中称为“同理心”，主要是为了消除客户的对抗情绪。

销售者对情商的要求是比较高的，换言之，沟通要让客户感觉很舒服。如下的技巧可以在沟通中使用。

1. 赞美别人的时候如话家常

不让别人感觉是刻意的赞美，语态要平和，内容多是具体的东西。比如：赞美女士“今天真漂亮”，效果则一般；如果赞美“您的手包和您今天的衣服颜色真配”，则效果好得多，甚至还能延伸很多话题。

2. 不轻易纠正别人非原则错误

如果在沟通中经常纠正别人非原则的错误，则会让别人感觉很别扭。比如，对方引用“万人空巷”成语，结果意思当成了“街上没人”（多数人都是这么认为，其实意思是街上全是人，没有空地），就没有必要反驳。

3. 不要不知道，但装作很懂

客户经理需要涉猎广泛，但一定不会什么都懂，因此，当客户提到自己不懂的问题，要坦白谦虚求教，效果则更好。

4. 倾听后注意停顿

当客户阐述完他的情况，先停顿，思考后再回答，会让客户感觉到你的用心。

以上几个沟通的技巧，可以让我们拥有更多的朋友。语言表达是一门艺术，掌握好语言表达，会让对方很舒服。不注重语言表达，总希望自己比客户强，让客户感觉到压力，最终客户会在压力上产生与理财经理关系的罅隙。

三、公众演讲在金融营销工作中的应用

-班长

随着精准营销在金融销售中的普及，一对一类客户的营销模式逐渐被各家金融机构所重视。公众演讲是精准营销中重要的手段之一，公众演讲能力就成了当下金融销售中必不可少的技能之一。所以，探讨公众演讲在营销工作中的应用就显得非常必要。

很多朋友将公众演讲认为就是做培训，将做培训认为就是讲讲市场，讲讲产品而已。其实不然，对于银行理财经理来说，在每次所谓的培训前，讲师真的细想过这次演讲的真正目的是什么吗?

很多银行理财经理认为公众演讲就是客户交流会，介绍客户权益、介绍银行产品，再有就是在行内举办的各类演讲比赛中分享案例。但是，在这种演讲机会下，您曾想过真正要表现什么吗?

公众演讲分为三种类型:

1. 陈述型演讲

陈述型演讲多数用于工作总结、工作计划等报告会。陈述型演讲的主角是 PPT 或者下发书面材料所展示的数据，并非演讲者，所以演讲者坐着向听众陈述 PPT 中所展示的内容即可。陈述型演讲是最理性、最客观的，其主旨是向听众传达事实。

2. 说服型演讲

说服型演讲多用在产品介绍、市场分析等交流会。说服型演讲需要演讲者感性地讲演，并辅以 PPT 客观数据的佐证。演讲者需要结合感性和理性的论据，说服客户相信自己的观点。

3. 鼓动型演讲

鼓动型演讲多用在脱口秀、演讲比赛等个人秀。鼓动型演讲的主角是演讲者本人，所以可以完全不用任何影音辅助，纯粹靠个人的语言魅力与肢体表达，使听众对演讲者本身产生信任，甚至崇拜。

如果用陈述型演讲的技巧讲产品，那现场听众肯定哈欠连天，如果用鼓动型演讲的技巧来做年终总结，必定会给领导留下华而不实的感觉，所以一个好的公众演讲者一定是在正确的场合运用正确的技巧。

同时，在一个主演讲技巧中，适时插入其他的技巧，会让整个演讲无论听起来还是看起来都更加具有影响力。比如，在年度总结会上，演讲者利用陈述型技巧客观公正的汇报完一年的业绩和未来的计划，但是在对未来资源和政策的争取上，加入说服型演讲技巧会使得需求更为急迫。再比如，在做某一款产品的说明会上，在介绍完产品的基本要素和市场观点后，加入煽动型技巧将个人魅力最大化，有时候客户会因为你的个人魅力从而选择你的产品。

公众演讲是一门技术，也是一门艺术，一个拥有良好公众演讲技巧的销售人员，必然会拥有更多的机会。若您觉得公众演讲的机会留给那些爱表现的人吧，我就安安稳稳地做好分内的工作，工作一定不会有大的飞跃。在金庸先生的《神雕侠侣》中，丐帮选帮主的桥段，梁长老的公开演讲实在经典，供读者品读。

> 梁长老跃上高台，众人见他白发如银，但腰板挺直，精神矍铄，这一跃起落轻捷，更见功力，人人都喝起彩来。这大会场上聚集着四五千人，没一个不是中气充沛的，这一齐声喝彩，直似轰轰雷鸣一般。梁长老抱拳答谢，待众人喝彩声止歇，大声说道：“黄前帮主神机妙算，说什么便是什么，决不能错。但她老人家客气，定要我们四个长老和八个八袋弟子商量决定。我们十二个臭皮匠商量了半天，只想出了这么个法儿。”一时台下鸦雀无声，静听他宣布。
>
> 只听梁长老道：“我们想，丐帮弟子遍布天下，虽然都没什么本事，

不能有什么大作为，人数倒也不少。要率领这十数万人马，正如黄前帮主所说，非得德才兼备、文武双全不可。我们丐帮目前虽不能说人才凋零，但要像洪老帮主、黄前帮主那样百年难见的人物，那是再也遇不上了，甚至像鲁故帮主那样德能服众的人品，也是寻不出的了。我们想来想去，只有请黄前帮主勉为其难，再来统领这十数万弟子。”他说到这里，台下又是彩声雷动，比先前更加响了。众人均想：别说丐帮之中没黄蓉这样的人才，只怕普天下也找不出第二个人来。梁长老待众人静了下来，又道：“黄前帮主倘若不答应，我们只有苦求到底，可是眼前却有一件大大为难处。蒙古鞑子这一次南北大军合攻襄阳，情势实在紧迫。黄前帮主全神贯注，辅佐郭大侠筹思保境退敌的大计，这件大事非同小可，我们倘若不断拿一群叫花子讨钱要饭的小事去麻烦她老人家，天下老百姓不把我们臭叫花子骂死才怪？因此我们思前想后，只有另行推选一位帮主才是。”这番话只听得台下众人个个点头，均想：丐帮行事处处先公后私，无怪数百年来始终是江湖第一大帮！

只听他又道：“本帮之内既无杰出的人才，黄前帮主又不能分心，眼前只有一条明路，那便是请一位帮外英雄来参与本帮，统率这十数万子弟。想当年本帮君山大会，推举帮主，终于举出了黄前帮主，那时她老人家可也不是丐帮的弟子啊。不瞒各位说，当时兄弟很不服气，还跟她老人家动手过招，结果怎样呢？哈哈，那也不用多说，总之，将我们给打得五体投地，心悦诚服。她老人家当了帮主之后，敝帮好生兴旺，说得上风生水起。君山那一会，黄前帮主还只是个十来岁的小姑娘呢，她一条竹棒打得丐帮四长老心悦诚服，可当真英雄了得。”众人听得悠然神往，一齐望着黄蓉。丐帮弟子之中，年长的当时大都均曾亲与其会，回思昔日情境，胸间豪气陡生。

梁长老又道：“不过兄弟有一句话说明在先，今日比武，务请点到为止，倘若有甚人命损伤，敝帮可罪过太深。各位相互之间如有什么梁子，决不能在这台上了断，否则就是跟敝帮上下有意过不去了，那时却莫怪得罪。”他说这几句话时，目光从左至右的向众人横扫一遍，神色凛然。

可以说金庸笔下的梁长老实在是个讲话高手，给足前任领导面子，让选掌门这样的大事变得合情合理，大家可细细品读。

四、股市长期调整过程中，与不同情况客户的沟通

对门老李

先看一则小故事：

> 两头驴在一起吃草，黑驴问花驴：“喂！你的草是什么味道？”
>
> 花驴道：“草莓味！”
>
> 黑驴靠过来吃了一口，愤怒地喊道“你是个骗子！”
>
> 花驴轻蔑地看它一眼，回道：“我——说——草——没——味。”

沟通不到位，一切都白费！

在销售的过程中，根据客户不同情况，沟通的方式亦是有区别的。一般来说，客户可分为四类：早就空仓客户、小跌离场客户、大亏平仓客户、一直持有客户。

1. 早就空仓客户

空仓客户，躲过了三次股灾的大幅调整，在当前经济曙光出现，政策实质性利好面前，适当的配置权益资产配置是必要的。与他们沟通看似无压力，但是这部分客户，往往是最坚决的风险厌恶型客户，股市下跌中反而激发了他们对市场的厌恶情绪，因此沟通并不容易。另外，其他多数亏损客户一般会给理财经理反馈净值亏损压力，因此对这批客户反而容易无暇顾及。他们在市场调整中，也会成为我们忽略的客户。

话术关键点：

如希望对该类客户配置权益类产品，在话术中，更应注重四点：

（1）赞美；

（2）坚定看多；

（3）使用对比；

（4）灌输低点入场理念。

2. 小跌离场客户

所谓“小跌”是相对后面的“大跌”而言的。从高点跌到低点，也确实损失不少。这部分客群的投资心理复杂，离场是抱定不再参与股市。随着市场大幅下挫，这些客户一方面肯定自己行为；另一方面，在利好面前有参与意愿。他们是看到上涨最容易产生冲动的群体。这部分客户，在权益资产配置较轻的背景下，属于需要重点做工作的群体。

话术关键点：

（1）肯定其离场行为；

（2）阐明利好；

（3）长期投资；

（4）可定投参与，越跌越买。

3. 大跌清仓客户

这部分客户是受伤害最大的客户，也是最需要安抚的客户。对于这部分客户，短期未必需要重提权益型产品，而是需要通过一些相对优质的固收产品，让客户感受到你的差别待遇。

一般来说，如果客户亏损较多，在配置合理的前提下，不建议斩仓出局。一旦从浮亏变为实亏，对客户的影响会相对长期。

话术关键点：

（1）该类客户不一定主动联系，客户也容易看到新闻报道而做决定，因此要保持定期与该类客户沟通。

（2）在市场没有结果前，坚持自己当初的观点。如果是看多，坚定市场在利好下逐步好转；如果是看空，多次利好并未见效，市场恢复需要时间，技术已破位等观点佐证。

（3）务必不要阐述“当初我劝你……”等，会让客户反感，即使当初曾这样表达过。

4. 一直持有客户

这类客户应该是所有客户中的大多数，这也是人性弱点所决定。该类客户往往是，进场较晚，亏损较多，心中迷茫。对待这样的客户，我们认为给客户树信心是对他们最好的安抚。

话术关键点：

（1）把政府在“供给侧改革”背景下传递出来的各种信息阐述得更清晰，强调为何国家经济不会硬着陆。

（2）分析海外市场，美联储较难再次加息，全球市场将迎来喘息良机。

（3）市场已跌幅较多，后市长期还是有很大希望的。从目前来看，进场资金较多，机构投资者看多声音也较多。

（4）短期可能还要争夺市场，未必出现大涨（理财经理可以留有话术余地，大涨自然是好事）。

对于具体客户理财经理还要区分具体情况，对不同观点的客户、不同熟悉程度的客户、亏损不同态度的客户，要做不同的分析。老李建议，此时并不是做客户集体沙龙的最好时机（担心投资人有负面信息碰撞，不利于理性看待市场），除非有客观的第三方分析师高手“坐诊”，但是要做好举办沙龙的准备，在市场反弹一周的时间点，是最好的交流机会。

五、销售者要适时推动客户做决定

对门老李

销售过程或许会很精彩，但是销售结果才是衡量销售的重要标准。在理财销售中，经常出现理财经理与客户交谈得非常顺畅，甚至客户也愿意与理财经理交流，但是这种熟悉却没有带来生产力。

正如某理财经理所讲：与客户太熟悉了，都不好意思推产品了。这话当然有很多的背景，但是无论从哪个角度来讲，只要适合客户，那么还是要推动销售。在推动销售的时候，要适时的帮助客户做决定。

在销售过程中，不去踢临门一脚的原因很多，比如：不好意思说出来，怕客户拒绝没机会，甚至有些理财经理希望通过自己透彻的介绍，客户主动提出购买。这不是不可能，但是往往容易浪费很多时间。

我们谈到的推动客户做决定，并不是替客户做决定，而是通过一些语言，推动客户，并让客户主动提出你希望成交的愿望。

案例一：客户已经认同你对于一款基金的想法了，这时可以适当地推动该产品。应用场景如下：

李先生，最近证券市场调整给我们进场的时间，有道是“千金难买回头牛”，市场给我们机会，我们要把握住！我给您推荐三只新基金，既可以把建仓的选择交给专业的基金经理，又可以参与到牛市当中去。

案例二：“中银新动力”与当前经济转型主题非常切合，在改革驱动、创新驱动、产业升级驱动三者推动背景下，有利于搭乘牛市东风，值得期待。

案例三：去年工商银行瑞信基金业绩不错，它们最近又在发行一只战略转型基金，基金经理宋炳坤还管理过工银核心价值，业绩一直不错，建议您今天申购。

另外，我记得您特关注环境安全和食品安全问题，上投摩根最近发行一只安全战略基金，我觉得特别适合您。

您之前一直没有配置股票型基金，这三个基金是精选出来的新产品，要不您选择中银和上投的，配置一下怎么样？

此时大胆果断帮其挑选，千万不要不好意思。客户请你分析市场是一种信任，而这时候，理财经理可以把这种信任继续转移到产品上来。

即使最后没有成交，客户反而觉得不好意思，下次推荐更合适产品给他的时候，距离成功就更近了一步。

第三章　一语中的——营销话术实战

一、当客户说互联网理财收益比你们高时应该怎么办

道哥

最近，有位同行问道：“有些客户讲，互联网理财收益远远高于银行理财，所以要将钱转去买互联网理财。对此，我们应该如何说服客户？”

道哥最近也遇到相似的问题，某超大 P2P 产品，期限 3 个月，年化率 6.1%、6 个月 6.9%、12 个月 8.1%。客户拿着产品清单来问：“这个产品怎么样？还有担保，我刚好有信托到期，想买这个。”道哥心想，出现问题哪能那么容易让你跑。但是，道哥心里也清楚，这种事硬堵不行，必须要疏通。以下道哥以自身经历做个分享，希望对各位理财经理有所帮助。

第一步：充分肯定客户的理财意识和接受新鲜事物的能力。“李先生，一直认为您是稳健型客户，很开心看到您对互联网金融产品感兴趣，说明您投资理财意识强，跟得上时代的潮流。您可能也看到了，国家相关部门上个礼拜刚出台了对互联网金融的监管规范。所以互联网金融一定是未来金融体系中很重要的一部分。您选择的这家，虽然是 P2P，但是股东背景雄厚，又有担保，在当下来看应该算得上是很安全的。”（如果客户已经做了决定，来询问你的意见，请不要立刻否定客户的决策，因为投资的决策没有错与对。顺着客户的思路说，建立同理心也会让客户更愿意与你交流和倾听。）

第二步：分析当下投资环境，转变客户投资观念。“相信李先生您一定观察到了，现在是降息降准周期中，信托和银行理财产品的收益率越来

越低，虽然去年大盘从2000点涨到现在的4000点，但鉴于您是稳健投资者，我一直没给您推荐过偏股型基金。不过从国家近几年的政策来看，推动资本市场和互联网经济是国家经新一轮经济转型的重要组成部分，所以现在真的是一个做资产配置的好机会，有些时候，我们不能光看多零点几的收益，而是要做到顺应市场。”（让客户知道，目前市场投资选择很多，作为客户的投资顾问，我希望您进行更加顺应市场的资产配置组合，而不是盲目追求一个所谓的收益率。可根据客户特点，具体情况具体分析，目的是树立自己本身专业形象和把握能力。）

第三步：简单揭示P2P的风险，给出投资建议。“李先生，P2P现在是一个新兴的投资方式，很符合当下的趋势，但是互联网金融毕竟是个新鲜事物，虽然说您选的产品资质很好，但是要说最大的风险就是这个行业还没有系统的法律约束，也就是说还没有归属到哪个监管部门。所以在这个不确定的情况下，还是要谨慎一些。您这次刚好100万元到期，建议不要100万元全投，做个20万~30万元试试水。”（主要给客户揭示其所选的P2P产品并不是本身有问题，而是整个行业缺乏全面的监管机制。在这个基础上我们不建议大比例投到P2P，只是小比例配置为宜。）

第四步：把握营销重点，将其他行的资金转销到本行。“李先生，不知您在其他行是否还有投资的产品，如果您不介意，可以将其他行的产品清单给我看下，我来帮你做一个整体的打理。另外，我行还推出了一款市场上比较稀缺的量化对冲策略的产品，很适合当下的震荡市场。这支产品在上个月大跌中也几乎没有下跌，不过起点金额101万元，我建议您配置一份。”（主要目的是希望用一些稀缺的产品吸引客户其他行的资金。）

二、股市下跌时对客户安抚的建议

对门老李

这两年理财经理与投资者共同经历过断崖般的股灾1.0、毫无预兆的股灾 2.0、熔断背后的股灾 3.0，造成的伤痛还未走远，市场中仍然经常出现股市大幅波动。当这种情形出现的时候，弱市中好不容易建立的一点投资人信心，又被无情地打到谷底。有的投资人试图在绝望的大山上砍下一块希望的石头，但是，却总是被落石伤害。

和很多理财经理一样，作者非常不愿意面对股市惨烈下跌给权益产品投资人带来的亏损。但是，客户是自己的，产品是我们推荐的，无论市场怎样不给力，理财经理仍然要去面对。我们有点像动漫里的人物"星矢"，无论被打倒多少次，但我们每次都要咬着牙站起来。

市场脆弱的时候，一定会有很多种声音再扰动这个市场，比如有人会说"婴儿底"，有人会说 2000 点，有人会讲安全边际，有人会去抢反弹。无论市场如何变化，我们能够遵从的理财原则：一是资产配置的底线；二是对客户的服务。

在弱势调整时，不同客户的表现：老客户对下跌有些麻木；刚入场的客户心态不稳，大家一起骂股市；买保本基金的客户长舒口气；多数客户其实对股市下跌能理解。

以下是安抚建议：

1. 对于有仓位的客户要传递信心

这个确实很难，因为当前市场信心缺失，很多理财经理本身也看空市场，但是仍然要给持仓客户传递正能量的内容。理财经理最好不要传谣言或者负面信息，这不利于持仓客户心态，并应建议在符合配置的前提下，亏损巨大的客户不宜再去斩仓。

2. 在市场稳定后做基金诊断准备

不是特别建议马上对基金进行诊断，因为市场二次下跌，泥沙俱下，风格漂移，马上进行换仓会有一定风险。举例来说：不管是前一时期 VR（虚拟现实）板块、国企改革板块还是领涨板块，在大幅调整中一样全线跌停，因此在投资人比较敏感时期，不建议马上进行基金诊断。当然，做好相关准备，等大盘稳定后，诊断和调结构是必要的，市场下挫已经给投资人上了一课。

3. 亏损巨大客户，建议不关注市场

亏损较多且不会减仓客户，与其看着市场下跌，不如引导其定下一个周期，例如1年为期，届时再检视。这期间有什么动向，理财经理替他关注即可。

4. 对补仓者建议定投补仓

市场确实跌入价值投资区间，但是由于大盘尚未完全止跌，因此需要耐心等待市场变化，不急于补仓。对于仓位较轻或者空仓客户，建议以定投的方式操作，毕竟养老金入市等利好进场只是时间问题。

5. 安抚的频次

股市下跌过程中，第一次下跌要及时沟通，但并非每次下跌都要沟通，否则客户也会出现安抚疲劳，建议两周一次即可。

6. 淡定的心态

理财经理在客户面前，必须要展现出泰然镇定的一面，就好比大夫自己慌张，会引发患者的恐慌。泰然并非木然，而是传导信心，对客户是心理抚慰。无论市场未来如何变化，客户信任都利于下一步操作。

市场下跌，还是要有好的心态，如果理财经理都因市场的起伏而影响了心情，对所服务的投资者更不利。说个真实的有趣段子，弱市中也要调整好心态：今天市场大跌，ST春晖、ST霞客、ST星美，恰好昨天摘帽（去掉ST）。本来按照规则只能跌“5%”股价，结构去掉“ST”就直奔-10%了。

三、股市反弹时，和客户聊点什么

对门老李

前面所讲的沟通话术中，侧重于在市场大跌时如何对客户进行安抚。同样，在市场长期低迷后，市场上涨给客户一些希望时，在不扩大客户预期的前提下，需要给予投资人一些信心。

第一步：趁着市场给予的机会，特别是对亏损的客户，要及时做好服务工作，要向客户阐述市场上涨的原因。关于上涨原因的话术，可以遵循以下三条法则。

（1）简洁：开门见山；

（2）地气：平实语言；

（3）共识：有认同感。

遵循这样的法则讲解，才能更容易地使客户接受。不能为了显示自己的专业知识丰富，一开口就啰里啰唆，喋喋不休地讲解，这样反而会让客户产生反感。那么市场上涨的原因一般是什么？在此做相应的总结：

（1）人民币汇率稳定，助市场企稳；

（2）市场前期跌幅大，有反弹要求；

（3）某某事件将发生，有政策预期；

（4）市场资金面充裕，央行有放水；

（5）高层放声利稳定，提市场信心。

当然，市场的利好还有很多，但是不要都告诉投资者，只需要找出重要的一两条即可。这是因为，向客户解释市场不是目的，给亏损客户信心才是目的。不要轻易地预测市场怎样变化，为客户服务的落脚点仍在资产配置上。

为什么要给亏损客户信心呢？换位思考一下，如果客户在配置合理的前提下，亏损10% ~20%，多数客户不会再考虑斩仓。这时候，借市场企稳，给客户安抚，对客户是一种心理上的服务，至少能够宽客户的心，让客户感觉到理财经理和他在一起。有时候也能避免客户意气用事，盲目操作。

第二步：沟通过市场，接下来，就应该了解客户当前对持仓的观点和预期。这样才能对客户有比较深入的了解。顾问式营销的内核主要是了解客户情况，挖掘需求。

第三步：一般从客户沟通的内容中，会演绎出多个可能话题，包括但不限于对市场的多空观点、观点对应的产品、客户当前关心的内容、对宏观经济的讨论、客户对资本市场不感兴趣、让理财经理代替做决策、仍然有很多抱怨、对客户经理行为感谢等，理财经理可以见招拆招。

四、股市反弹后客户基金亏损减小，是“走”还是“留”

红脸君

案例：客户2015年年末买的新基金，在大幅下挫中最多亏损30%，目前借反弹回到0.9元。客户经理担心反弹不能持续，问此时是“走”是“留”？

这不是一个简单的“走”还是“留”的问题，我们从理财经理角度简单分析并给出建议：

首先看当期行业数据，2016年1月下跌，2月上涨，因此具有代表性。1月上证指数跌幅22.65%，混合基金平均跌幅14.59%，股票型基金跌幅23.13%，而混合基金2月1日至23日，平均反弹7.2%。(wind数据)

客户对是否换仓、减仓或是加仓会考虑多个因素，主要是以下五个方面：

(1) 持有基金表现如何；

(2) 客户投资周期多长；

(3) 股市下跌时客户的承受度；

(4) 客户当前仓位状况；

(5) 客户对于后市观点。

对于其他年龄结构、收入、熟悉度、配置结构这些暂时不做考虑。

对于案例中的问题，作者的观点是建议投资人继续持有。理由如下：

从案例提供的情况来看，该基金属于仓位非常高的股票型基金产品，弹性大。下跌高于平均跌幅，反弹时力度也较大，基金进攻特征明显。但是，并不能衡量该基金是否优秀或者不好，因为仅两个月的时间，不足以对一只基金的未来做出评价。因此，在客户亏损的前提下，把浮亏变为实际亏损，也是不理性的。

第一，客户斩仓，浮亏变实亏，留下投资负面印象，再想请回客户已经很难。

第二，该基金投资风格明确，快速反弹也说明至少坚持自己的投资理念。

第三，如果斩仓之后，继续上涨，同样不好交代。

所以，不建议客户减仓。但是，出现以下情况，则要减仓：

（1）超过客户应有的资产配置限额，过高的配置权益类资产，与风险不匹配；

（2）与客户投资周期不匹配，1 年以内有资金的使用计划；

（3）客户不能承受 10% 以上的亏损。

如果符合以上情况，则是减仓或者离场的依据。

客户对后市质疑，如何说服客户，话术要素包括：

一方面，理财经理需要建议客户不关注短期变动，从跌幅 30% 到跌幅小于 10%，巨幅波动扰动投资情绪。可以请客户以一年期或长期来观察。“正亏着，既然不急用钱，先放着；帮盯着，等盈利了再通知。”

另一方面，市场分析，短期市场谁也不能预测。但是从长期来看，十三五开局、证监会主席更换、理财资金入市……给客户树立长期信心。

另外，理财经理给出建议之时莫忘“定投”，当反弹来临，意味着微笑曲线出现，可以跟客户交流“定投”的优点。对于波动性大的产品，做定投，可以“更早地回本”也是说服客户的理由之一；做定投，对亏损客户是一种很好的补仓方式。

五、两会年年开，如何回答“两会后股市行情会怎样”的问题

对门老李

每年都要开两会（中华人民共和国全国人民代表大会、中国人民政治

协商会议)，这不仅是全国各行业热议的话题，也是股市投资者关心的问题之一。而且，一般在两会后，投资者会向理财经理提问："两会后行情会怎么走?"

分析：问该问题的投资者，潜意识中对市场仍然抱有希望，一方面，"两会"中传递的积极信息会给投资者一定的信心；另一方面，无论是空仓者，还是被套的投资者，都有股市上涨的预期。

话术

回答建议一：

两会是一个方向，但是关于行情我认为可能还是要跟实体经济的表现挂钩。通过对两会信息的理解，我认为后市乐观中偏谨慎。为什么乐观?这次两会提金融股市的事情比较多，比如李克强总理曾在答记者中提到了相关的内容，说明这个在总理心中比较重要。而结尾最后的问题还提到关于资本市场的问题，均说明股市今年会有很多积极的因素。

而谨慎态度主要是因为从政策到实体经济有个传导，需要一定的时间。因此，我建议您不妨这个时候先配置一些低风险的产品，等到趋势出来，再逐步转换到股市当中。比如现在我们有一款……

回答建议二：

我对两会后的行情比较乐观，一方面，在技术上沪指在某某点位（根据当时情况)，有较为强势的支撑；另一方面，两会释放的利好很多，为股市提供了一定的政策支持。

但是，我还是不建议您马上追涨，因为近期行情走势风格转换太快，踏准节奏还好，一旦踏不准节奏，这几天很容易出错。因此，我建议您不妨借着近几天调整，梳理一下基金或股票，布局好一个方向，树立一个较长心态。

回答建议三：

首先我们来看一张表

年份	会前一周表现（%）	两会期间表现（%）	会后一周表现（%）
2016	-5.40	4.90	4.60
2015	-1.07	3.37	7.25
2014	-2.72	-1.81	-1.27
2013	1.96	-3.44	2.19
2012	0.86	-2.82	-0.55
2011	1.79	0.82	-0.97
2010	-1.22	-0.33	1.80
2009	-9.21	1.69	7.15
2008	-0.50	-15.63	-1.07
2007	-5.57	3.49	4.91
2006	-0.25	-2.07	2.49
2005	-1.68	0.47	-4.83

数据统计得出：

近十年，两会一周后的表现七次上涨，五次下跌，涨幅远超过跌幅。两会期间与会后一周走势基本正相关，表现为同涨同跌概率较大。

不过，从当前实际来看，股票市场仍然处于相对敏感时期，市场信心尚未恢复。但考虑到当前点位不高，今年以来尚无像样行情，因此对后市仍然有反弹持续的预期。建议投资者通过定投方式收集筹码，探低成本，静待反弹获利。

提示

短期市场行情预判是比较难的，对于多数客户，并不是要理财经理给出一个正确的走势分析，而是要落实到怎么做。理财经理不是去取悦客户，而是给予客户合理的建议。从理财经理角度，更多做的事情，是在合理配置的基础上，说服客户多做一些逆向的布局，这是最难做到，却最容易帮助到客户的方法。

六、如何应对：这份保险太贵了，以后再说吧

红脸君

保险是一份保障，不同的人群总有不同的需求。为什么要做保险？销售有道总结了一些常用话术供理财经理参考：

（1）找工作为什么我们要找提供“五险一金”的，要的就是一份保障。保险正是给你这份保障做了加强。

（2）这份保险多少钱？噢，太贵了，算了以后再说吧。

大夫，这病花多少钱都无所谓，只要能治好。

（3）孩子和车谁重要？当然是孩子！

那为什么车一买就上保险，孩子还没有上？

（4）保险对女性是另外一份婚姻“合同”，也是女性的长期存折。如家酒店发生的女性遇袭事件听说了吧，所以女性更要给自己留一份实实在在的保障。

（5）保险的23个字。没事，存钱；有事，赔钱；老了，领钱；欠债，离婚、遗产税，保险豁免。

（6）您说不需要保险是吗？

需要的时候就太晚了。

（7）一分钱一分货。买保险就是图个放心，关键是让客户花的每一分钱明明白白才好。保险不是要图便宜，而是要看保障。

（8）对于您家庭的生活费、教育费，您还会说“再考虑考虑”吗？保险就是这些未来费用的替代品。

（9）保险是一份长期承诺，是未来生活的保证书；保险不是赚钱，而是保证把不确定的未来变成确定。它是人生最后的防线，也是一份责任。

七、新手基金经理如何给客户推介金融产品

二班长

相信各位理财经理经常会遇到一类人——新手基金经理。所谓的新手基金经理，多是刚刚自己操盘基金，没有太多可借鉴的历史业绩。相比明星基金经理，新手管理的基金给客户推荐产品还是有些困难的。今天我在这里给大家分享一下自己的经验。

首先，请明确一点，新手基金经理业绩不一定差。

新人过往操作经验缺乏，没有经过牛、熊市的考验，大家难免对其持续盈利能力持怀疑态度。但是就一年以内业绩来看，反而可能会有惊喜。

（1）市场的投资逻辑近年发生了较多的变化，新人的成长环境反而更加适应市场风格。举个例子，如果我们用传统估值去看微信这样不赚钱的通信工具，没办法给其估值。但是因为其具有很大的流量，一旦开始做广告，便具有百亿以上的估值。这是近年逐步建立的新思维。

（2）从市场今年的走势角度判断，机会应该多于风险。新人在历史负担小、顾虑少的情况下，反而可能会有超额收益。

（3）最近三年，中小、创业板走势强于主板。计算机、通信等互联网板块表现更好，新人在这些新兴产业板块的优势可能更明显。

其次，基金推介要根据产品不同采用不同策略。

（1）主题明确的产品，比如发行的各类主题基金，如医药、环保、军工等，着重从客户对主题的认可度出发。买这个产品，是买这个产业的发展方向，淡化其对于基金经理的关注。

这些主题型的基金经理新手比较多，过去往往是行业的研究员，这样的新手虽然不足以谋全局，但可以谋一域。

（2）不限定主题的产品。此类产品推介，基金经理的介绍难以回避。建议与基金公司相关人员做好沟通，对基金经理过往经历做更多了解、深

入挖掘。

（3）过往研究背景，如主要跟踪行业、发掘过哪些牛股等。树立客户信心的同时，理财经理本身也能更清楚基金经理的倾向。

另外基金公司从自身品牌的角度出发，也绝不会让一张白纸的人员来担纲新产品基金经理，之前或多或少都会有一些投资或者研究经验，很多时候是限于未发公告等顾虑，而不会做公开宣传。但是如果能了解到他真实操盘的业绩，在客户推荐中还是会很有帮助的。

最后，新手基金经理多数更乐于跟投资人沟通，因此在产品运作等信息获取上相对更有优势。

话术

投资人：这个互联网主题的基金经理好像没听说过，看照片挺年轻的。

理财经理：您现在投资基金已经是半个专家了，要不您这段时间能获利如此丰厚！我对这个产品的理解是：

第一，作为主题型基金产品，首先要看其是否符合主流的投资方向。互联网主题基金，是当下最热的主题之一。比如过年咱们在手机上抢红包，其实是通过红包让更多的人参与到移动互联网当中，用户多了，互联网上市公司投资价值就高了。

第二，今年是“十三五”规划的开局之年，也是热门的互联网企业开始收获的一年。就这么说，您看“余额宝”这样的产品，过去是做规模，今年是收获业绩。所以选择这样的方向是没错的，您看今年年初以来，这个板块涨了36%。

第三，这个基金经理我之前跟您有一样的顾虑，1982年出生，今年才34岁。不过，我专门研究了他的简历后才感觉到，并不简单。从业8年，也算经历过熊市的磨炼；之前他做研究员推荐过东方财富这样的牛股，也是行业里最早推荐该类股票的研究员。最重要的是，这样的投资主题，还真要相对年轻的人来挖掘，年龄太大，这个行业不一定特别通。再说了，34 岁不正是干事情的年龄吗！投资方向没问题，研究能力又不错，您就放心吧！

第四章　思则有备——营销之前准备

一、理财室如何布置更利于理财经理与客户聊理财

对门老李

这些年，在网点转型之后，多数理财人员都有独立的理财空间和理财之道。我在不同地方走访的时候也造访过很多理财室。从贵宾理财中心到财富中心，从私人银行到外资银行，我都曾经有意无意地对各种理财室的布局留意了一下，经过梳理，给理财经理一些有借鉴意义的软布置建议，希望能对有独立理财室的理财经理有些许的帮助。

1. 文化主题的渲染

所谓文化主题就是对于你理财品牌的延伸。理财室的环境优雅适宜，客户一旦入室很快就会被你的理财文化所同化。在这点上，中资银行在如何渲染文化主题方面还有很大的潜力可挖。当陌生客户来到理财室时，首先感知的是行内文化氛围，如同买房首先来到房屋销售中心。

一个布置简陋的住房销售中心，很难担任起豪宅的销售角色，这就是为什么越是高端住宅，越需要有豪华到不可思议的售楼中心。我们要求与人客户沟通时有良好的环境也是这个道理。

理财室的布置可分成两个层次，一是硬件，这点现在各家银行做得都很到位；二是文化，各有所长。而文化中需要凸显的就是“品牌”的延伸。

现在各行都有自己的理财品牌，如中行的“中银理财”、工行的“理财金账户”、农行的“金博士（钥匙）”、建行的“乐当家”、光大的“阳

光理财”、中信的“中信理财”、汇丰的“卓越理财”、渣打的“优先理财”，等等。

把自己的品牌在理财室中表现得相对不错的是荷兰银行的“梵高理财”。请各行的客户经理有机会不妨到梵高理财室中感受一下它的文化氛围。文森特·梵高的画作都是热情洋溢的，也代表着这是来自欧洲的理财品牌。荷兰银行在每个理财室中都悬挂着梵高的画作，诠释着“理财即艺术”的理念。这叫作文化借势，用熟知领域的成功，跨界引入相关的行业，迅速实现新领域的品牌开拓。

无论是怎样的文化来源，在理财室中体现文化的氛围是有利于创造良好的沟通环境的。

2. 各类证书的摆放

作为独立的理财室，一定要把能够证明你能力、资质和实力的各种证书悬挂在醒目的地方。很多考过 AFP（金融理财师）、CFP（国际金融理财师）的理财经理拿证以后把证书束之高阁或者放置家中，我实在不赞同这样的韬光养晦。既然有了证书，就一定要悬挂，而且要悬挂于客户看得见的地方。这样有利于增强客户对理财的信心，增加对理财经理的信任感。

当一个客户走到你的高端理财室的时候，看到一墙证书、奖状、奖牌，他是一种什么样的感受？所以许多培训机构在课程结束后，会给客户经理颁发受训结业证书，还搞成中英双语的，其实不是给客户经理看的，是给客户看的。

可以在桌面摆放你和家人或宠物的照片。很多客户经理担心自己工作环境是半公共场所，不愿意让别人看到自己的隐私。这个是可以理解的，但是如果你接触到的高端客户中大部分人素质很高，这样的照片一定是加分项。如果你准备挂出照片，有一点一定要注意，用个好一些的相框。

在不影响大环境且符合金融规定的前提下，摆放彰显自己爱好的东西，比如你喜欢打羽毛球，不妨放一套平常用的拍套；你喜欢围棋，不妨放一套在茶几上。有一位客户经理曾讲，他和一个客户成为好朋友是因为他们的高尔夫水平差不多，而之所以聊起这个话题就是他的理财室里放了一套高尔夫球包。

在理财室内，尽量不要有影响客户注意力的东西出现在他的视野。比如，有的客户视野对面隔过你就是一面大玻璃，透过玻璃能看到动态的车流，在这种环境下，让客户集中注意力是相对困难的。

3. 准备好销售资料

一张重点营销产品的销售垫板，有利于你与客户交流时进行沟通，同时可以提示自己。

如果条件允许，可以把一些产品推荐书放到客户可以浏览到的地方。比如见过一些银行，把推荐的基金产品放在客户桌的玻璃板下面。在客户等候、沟通等很多时候可以看到。这种小的宣传品、理财杂志具有说服客户的作用。

以上几点，肯定不是完善的，更多是希望理财经理结合自己的主观能动性，将理财室布置得美观大方、凸显个性、富有特色，能够起到抛砖引玉的效果。

二、理财经理新手的进阶“秘籍”

对门老李

刚入行的理财经理经常询问，是否有“速成”的方法。一般来说，靠业绩说话的岗位基本没有速成。如果说有，也是用勤奋和失败积累了成功的阶梯。不过，虽然没有速成，但还是有一些前人的成功之道，可以使新手少走弯路。

秘籍一：与成功的人做朋友

迅速成功的秘籍第一条，争取和周围那些你认为成功的高手做朋友。如果哪位理财经理是你所在机构的金牌，找他做朋友，经常请教，如果有条件，经常和他在一起交流，不久你就可以迅速成长。所谓“人以群分”，亿万富翁的圈子里再差也得是个千万富豪，成功的人总有自己的闪光点可以挖掘。

秘籍二：找一个产品做突破口

财富管理机构产品齐全，且具有金融产品的复杂性。一口气想吃透所有产品，需要一个过程。因此，不如根据自己的兴趣，找一款考核权重相对较大的产品作为突破口，成为该产品的“专家”。

产品选择上，建议结合大势，顺势而为，同时为今后“一专多能”做好知识储备。

秘籍三：空杯心态到产生“小聪明”

多数人一开始会怀着空杯心态汲取知识，但是随着小有成绩的出现（比如成功的预测一次调整，成功营销大额期缴等），心态会发生一些变化。有自豪感的产生，初步建立营销自信是好事，但切勿因此认为自己已修炼到家。往往很多“小聪明”就是这时候产生的。

某位游泳教练教一群职业经理人学游泳，教了一阵效果不好，于是教练说：“游泳确实对你们这个年龄有些难了。这样，我们先停一停学习，但当遇到他人遇险的危急时刻，我们不能见死不救，我先教大家怎么水里救人吧。”三天下来，大多数人基本上就算不会游也能扑腾几下，只有一个年轻人，一直站在岸上蔑视地笑。

教练问他为什么不下水学救人，他说，“教练，我早看出来了，你根本不是在教救人，而是在教我们学游泳！”

这个年轻人的“小聪明”耽误了谁？

秘籍四：尽早与客户建立联系

理财经理千万不要希望等具备了完善的产品知识和专业的技巧再去与客户沟通，而是要与客户沟通越早越好。客户对于金融产品的信赖，往往是对理财经理的信任，而信任往往需要时间的沉淀。想想，我们经常说，我们已经认识五年了，背后透出的则是信任。

作者同意“磨刀不误砍柴工”，但是，理财经理技巧的磨砺，更多的是在客户开发实践中成型的。

秘籍五：尽早取得专业认证

虽然我们知道，AFP、CFP、EFP（金融理财管理师）在实际的操作中未必能够用上多少，但是，这些证书至少是在没有任何其他业绩证明自己实力之前的另一种肯定。老李认识一位台湾籍理财经理，文凭不高，每次客户提及毕业院校都难以启齿。后来这位理财经理发奋考证，考了满屋的证书。当再有客户来到他的理财室的时候，就再也没有人问他的毕业学校了。

秘籍六：认真对待每一次提升

培训是迅速提升业绩、接触同机构同事的绝好机会。培训虽然每一次未必都会听得畅快淋漓或者收获满满，但是只要有收获，就是对自己的提高。多听一点，回去多实践一点，认识的同事回去多沟通一次，都会逐渐让自己进步。

秘籍七：养成良好的工作习惯

良好的工作习惯会提升效率，受益是一生的事情。好的习惯需要在上岗之初培养，当然如果碰到一个严厉的领导，则是工作之路的一位好导师。

根据研究，二十一天的重复可以让一个人养成好的习惯。比如在过去的夜课中，我们谈到的每天三个“十分钟”，如果能够坚持，则慢慢地就会从量变到质变。

作为刚刚踏入理财经理大门的理财经理，需要学习的东西很多，一定牢记，山外有山，不满是向上的车轮。等到三年之后，回望走过的路、付出的辛苦和客户的认可，你会发现做的一切事情都是有意义的！

三、开发新客户的难点及解决建议

一班长

机构获得新客户的主要途径：渠道和客户转介。

渠道和客户转介在获客上，是两个截然相反的方向：一个是走出去，另一个是带进来。以传统四大国有银行零售的坐商模式，客带客是最有效的方式。一般来说，只要理财经理精心服务好几个大客户，客户就会自动将身边的朋友介绍过来。

在此有两点需要提醒理财经理：第一，一定要确定大客户的真实情况；第二，如果客户没有给理财经理介绍新的客户，可能是服务没有到位，没有创造出让客户带客户的条件。

客带客可能更多基于银行品牌和客户自身属性，客户经理个人不能起决定性作用。所以，“走出去”的拓展获客模式，才更加能够体现出客户经理自身的价值。在有些银行的外拓经验中，有新客资源的渠道包括高端汽车4S店、律师事务所、会计师事务所等，都可以成为潜在合作渠道。这些渠道员工本身就可能成为我们的目标客户，他们面对的客户，更是有很多都有金融服务的需求。双方的跨界合作，也可增加他们服务客户的手段。有句俗话，“人只会对两种人绝对诚实，一个是医生，另一个就是律师。因此，这种合作前景非常广阔。随着高端客户逐渐国际化的配置和财富传承的需求，银行和律师事务所等机构之间的合作机会将会越来越多。

我们经常说，为客户提供一对一的专享服务。但是作为理财经理，从效率角度出发，则要重新定义一对一，并非一个理财经理对一个客户，而是一个理财经理对一批客户。

每位理财经理虽然都希望可以搞定自己所见到的每位客户，但现实是，总会有一些客户与你一见如故，也总会有些客户与你“八字不合”。作者并不是特别建议理财经理花很多的时间和精力，去尝试搞定那些难搞的、性价比不高的客户。作者也怕很多上级领导会将这样性价比不高的工作情况，作为优秀营销案例来推广。如果换一个角度来审视，理财经理自身一定有一个磁场，可以吸引符合其磁场的客户。这就需要理财经理在平常的工作中多用心留意这类客户，工作业绩势必会事半功倍。

四、销售新人如何赢得客户信任

对门老李

作为销售人员，第一年往往是最难出业绩的。此时，潜在客群等待开发、销售模式尚未建立、销售风格并不成熟，一切都是新的。虽然笔者从来不追捧“成功学”，但是在新人出道时，确实需要一些思想上的激励，方法上的点播，能让新人更早地对销售产生兴趣，做好销售。

销售不仅是一门艺术，也是关乎情商与智商的一门科学。有鉴于万事开头难，给销售新人提一些建议：

1. 尽快熟悉产品、熟悉术语、熟悉行业

所有的销售，都建立在销售人员对产品认知的基础上，而产品的推介，则是建立在销售人员对客户的表达上。销售人员熟悉行业，才能知道竞争对手是怎样做的。

熟悉产品：如果产品多，从一类产品入手。比如，就从理财产品先入手，对理财产品的各项要素熟记于心。

熟悉术语：专业化的销售，一定使用专业性的语言才有可信度。比如，我们讲货币基金的时候，我们能够知道它的“久期”；推介贵金属时你可以告诉客户 1 盎司是多少克，等等，销售人员不要担心过于专业用不上，等用上时不会，就露怯了。

熟悉行业：销售人员不妨去同业那里体验一把客户，收获一定很多。

2. 想方设法先开第一单

无论央求前辈转介、关系介绍，先要把产品的销售流程体验一遍，这样才能心中有数。

更重要的是，有了成功的案例，在不泄密的前提下，可以去证明给其他客户，也是让下一个客户踏实。

3. 不许诺做不到的事情

有的新人为达成交易，容易大包大揽的承诺客户。销售永远不是一锤子买卖，一次承诺不能兑现，将失去一批客户。一次慎重考虑后的拒绝，或许能够换来客户的理解与信任。

4. 千万不要舍本逐末

牢记客户的核心诉求，不忘初心。很多客户经常去纠结费率或者一些小的利益，而很多新人往往被带入这个逻辑。其实想清楚，客户之所以购买，一定不是仅仅因为那个小的费率，而是产品本身。

5. 用勤奋的态度弥补专业不足

如果专业的进步不是一蹴而就的，那就让客户因为你勤奋的态度，而对你产生信任，选择在你这里购买产品。

五、理财经理需要向基金经理了解的问题

红脸君

在销售实战中，不同的基金经理操作也不尽相同。因此，作为销售人员为了判断未来市场的方向，要询问管理人几个比较重要的问题，才能够更好地为投资者负责。以下是需要了解的问题：

（1）对后市的市场观点如何；

（2）债券基金不同券种的配置，组合久期；

（3）基金经理的从业年限及履历；

（4）基金经理对于经济及重点行业的看法；

（5）基金募集期及打开期限；

（6）募集期的运作思路；

（7）产品的分红策略；

（8）基金经理过往业绩及形成该业绩的原因；

（9）基金经理是否会自行购买该产品；

（10）如果基金业绩不达预期，有怎样的修正办法。

在购买前问询相应的问题，既是为投资人负责，也是为了助力自己的工作。购买前，把可能出现的情况都分析到，有利于做好之后的客户工作。当然，与基金公司市场人员保持常态化的接触，经常提供一些定期的报告给投资者，则更有利于维护客户。

第五章　专业服务——销售诊断技巧

一、基金诊断请换个角度

一班长

顾名思义，基金诊断就是对客户的基金持仓情况做诊断，好的留下，差的换成好的。在过往的基金诊断工作中，一般有两种方法：第一，借助第三方机构的基金诊断系统，通过一系列量化分析将客户手中的基金换成系统“跑分高”的；第二，理财经理利用对市场趋势的判断，高抛低吸，最终实现扭亏为盈。但是我们发现以上这两种方法都很难去诊断2015年股灾亏损客户的情况。不得已，很多人选择坚持定投，不断在震荡市中累计筹码，以时间换空间。

其实，“基金诊断”有诊断这个词，应该是病了的时候才需要诊断，那配置优化呢？

作为理财经理，我们对客户的资产配置优化不能等到基金出现亏损或者客户上门抱怨了才开始，而是在客户认购的时候就开始。不过在这个时候阻止客户买基金，说起来容易，做起来难，该认购的还是要认购。但是，在客户不理性的时候，我们还是要多说几句话，比如，“先生，我看您之前已经买了很多股票型基金，而且收益还不错，说实话，参考您的过往投资经历和风险等级，作为您的理财经理我不建议您再配置偏股型产品。不过您对中国未来经济的看好，我个人也是很认同的，而且这只基金也是紧随国家改革步伐，不过我建议，如果您买就要做好拿长线的准备。”短短一句话，既提示了风险，又顺水推舟地做了销售，最重要的是让客户坚定了长期看好中国股市的决心。

当给客户做好了一个基金的组合后，我们要时刻关注客户配置中的基金表现，同时，我们不仅要关注市场，更要加大关注基金。曾经在这波调整中，我们看到很多基金3000点不建仓，5000点满仓，撑到了3000点顶不住压力又再度空仓。所以，当我们看到客户的配置组合收益下降到了预警线，或者其中的某一两只基金表现出完全踏错节奏的情况，这就是基金配置优化的第二个时间点。我们联系客户："先生，之前您配置的基金虽然方向都没问题，但是有几只在这次下跌中表现得差强人意，虽说基金需要给基金经理长时间观察，但是我怕您会担心，还是跟您解释一下。之前您配置的基金由于市场性风险出现了一定的回撤，已经达到当时为您设置的预警仓。虽然基金是一个长期投资的方式，但是作为您的理财经理我更建议您在下跌过程中将一部分偏股型基金转换至固定收益类产品。当然，如果您还是不改当时对市场的长期看好，继续持有或者做定投加码也是一个很好的决策。"

这样一来，在下跌过程中，我们保持与客户的及时沟通，提出逻辑严谨的建议和观点，让客户知道在市场调整的过程中，理财经理一直在关注着自己，这样会比客户突然发现亏损了50%再来打我们一个措手不及有效得多。

总之，"基金诊断"这个说法应该逐渐淡出我们的视野，当然，针对一些休眠客户或者其他行的客户，我们仍可以用基金诊断来获客。但是对于我们自己一直维护的客户，请务必将基金诊断换成配置优化，就如同虽然现在医疗水平很发达，几乎所有的疾病都可以诊治，但是为了不生病，我们平时不能缺少锻炼。

二、基金健诊，"摸过客户脚才能卖对鞋"

对门老李

"摸过客户脚才能卖对鞋"，这句话是日本首位女性售鞋顾问久保田美智子，根据三十六年工作体会总结出的经验。服务的成功经验是相通的，联想到现在多家机构进行的基金健诊工作，确实有很多可以借鉴之处。

基金健诊属于财富体检的分支，是一项汇集专业、客观、研判的综合性工作。基金健诊并不是单纯的判断某只基金的好坏，更重要的是通过客户手里的基金了解客户的基本情况，“摸过客户的脚才能卖对鞋”。

经历了股灾后，市场震荡上扬，部分客户套牢资产陆续解套，客户自身也存在调仓需求。理财经理选择此时为客户进行健诊调仓，也有利于强化对客户的指导。

“摸客户的脚”，这个比喻多少有些粗浅，但是话粗理不粗。不是你想摸客户的“脚”，客户就可以让你“摸”的，首先要有充分的准备，掌握三个“是否”。

例如：

(1) 是否已经对客户的产品了然于心（调仓话术准备）；

(2) 是否对客户的偏好了如指掌（推荐产品准备）；

(3) 是否了解客户此时对市场的观点态度（难易度评估）。

换句话说，如果准备到位，客户让你“摸他的脚了”，说明他心理上已经准备“试你的鞋了”。

“卖对的鞋”。什么是对的鞋？鞋的尺码符合客户的脚。销售有道康小壮经常举一个例子，500 万分级 B 基金对马化腾配置还不够，但是对很多人意味着风险过高。同样，健诊一定是建立在适合的基础上的。

例如：在把控固定收益和权益配置的大前提下，牛市中给两融客户推荐杠杆基金；给政策跟风者推荐主题基金；给风险偏好低的客户推荐普通债券基金（20% 股票）；给风险厌恶性客户推荐打新基金；给喜好新事物的客户推荐新三板基金；给大客户推荐组合或者私募产品等。

“卖鞋别忘照镜子”。照镜子就像“检视”，理财经理给投资人做了健诊，基金也做了更换，不要忘记定期进行检视。基金健诊不是一锤子的，股神也有修正的时候。定期给客户“照照镜子”，变建议为讨论，请客户参与其中，更有效果。

基金健诊是一门大学问，其首先是一个服务，其次是一个专业行为。

现在有很多机构致力于开展这项工作，都取得了不错的成绩。

基金健诊五个窍门：①引导客户多讲其持仓情况，他可能比你更了解自己持有多年的基金；②先不急于讲出自己的拟推荐基金，最好不要总想着自己的销售任务；③善于抓住一切客户调仓的契机，例如涨得慢、基金经理更换等；④善于使用各类基金诊断软件，做足课下工作；⑤诊断报告书尽量使用一些让客户感动的词汇，字里行间不要太生硬。

随着今年股市向好，公募基金公司的优秀基金经理留存难度越来越大。坚守在公募基金的人员，多在公司内操盘公司旗舰基金。但是年初以来，新基金发行的热度却是丝毫没有退去，夸张的时候，一个托管行同期有近十只产品同时上线销售。

基金诊断小课堂（上），扫码看视频

基金诊断小课堂（下），扫码看视频

第六章 旺季营销——节日销售实战

一、理财经理给客户拜年短信的建议

对门老李

爆竹声中一岁除，春风送暖入屠苏。小年一过，年味马上浓了。年前各种工作也进入收尾，实物金好多机构不能提金，基金陆续暂停申购……感觉要松一口气的时候，突然想到，春节还要给客户拜年。理财人不容易！

好在现在拜年的形式越来越丰富，在这里，总结一些拜年常用的方式及话术，供大家参考。

如果想效果好，这样的短信干脆就别发了：

羊年将到喜洋洋，给你拜个羊年添福气，祝你生活“羊”光，幸福无限；事业“羊”帆，一帆风顺；神采飞“羊”，事事顺心；大发“羊”财，天天开心。羊年吉祥哦！

这样的短信，有三个别扭的地方：一是没有特点；二是群发；三是没有情感。往前推5年，那时还有用，现在真应该摒弃，就像歌里唱的“群发的短信我不回”。

其实，发短信的目的是让客户感受到你惦记着他，而且是用心的服务。而节日期间的问候，是不谈工作谈感情的最好时刻。这时候，按优先级，以下客户群最好覆盖到：①高净值客户；②关系欠佳客户；③较长时间不联系的客户。

对于高净值客户，此时可能各机构已经都有所表示了。但是，拜年的情感还是可以升华的。这是一个加深印象的时候，比如某理财经理有这样一个短信：

“张总，如果没记错，今天是与您相识的第三个春节。三载风雨彩虹，您给了我特别多帮助与支持，在此真诚地说声感谢。值此春节祝愿您和嫂子幸福，祝令郎金榜题名！（姓名）”

点评：该短信最大的优势是个性化定制，除此之外，有三点值得借鉴。

第一，过年的时点是回味历史的最好时刻，“三载风雨彩虹”概括了过去的点点滴滴。

第二，提到家人，让问候饱满，特别提到“令郎”雅称之后，代表了亲近及对小孩的关注。

第三，字数合适，全文 79 个字，符合短信的阅读长度。

对于关系欠佳客户，此时不维护，何时维护？造成与客户关系欠佳的原因有很多，比如说“产品亏损”。如果这个客户你还不想失去，那么，还是要利用这个时点联系的。建议如下：

（1）发送时间，不建议大年初一，可以是初三之后，这个时候已经避开了拜年高峰。而且你想想，如果你大年初一给人家道歉，万一客户仍然余怒未消，不是给人添堵吗？初三之后，拜晚年，是个好的时点。

（2）措辞诚恳，争取互动。举例如下：

“张女士，上次的不愉快，单位没有给您一个满意的回复，我觉得特别对不住您！今天我代表公司，希望得到您的谅解。今天是大年初三，真诚地给您拜年！节后去看您！（姓名）”

点评：这个短信有两点做得很好。

第一，把“没有给满意答复”算到单位的身上，而自己唱红脸，这样易于沟通，化解矛盾。

第二，没有废话，道歉的短信，不了解此时客户想什么，不是面谈，说得越多，越没意思。原来曾经看到过某人写了一大堆道歉的措辞，毫无效果。

好久不联系的客户，发送短信特别重要，这也是拓展管理半径的方法之一，最好利用起来。

较长时间不联系短信参考：

“李大姐，我是××支行的×××。很久没跟您联系了，所以赶紧趁春节给您拜个年！祝愿您在新的一年，一切都好！2014年，理财环境变化很大，我们帮助很多朋友实现了保值增值，也积累了不少经验。新的一年，也希望给您多提供一些建议，帮您做好适合的资产配置，年后您方便时去拜访您！拜年！××敬上

点评：该短信三点做得很好。

第一，两次强调自己是谁，加深印象。

第二，传递客户“服务了很多人”的信息，也有经验，就差你了的印象。

第三，留下了交流的机会——“年后您方便时去拜访您”。

通过这些短信我们能够看到，虽然是拜年短信，但是，并不是说要说很多的吉祥话。大家都知道，吉祥话的作用是一致的，一个“给您拜年！”基本就囊括了。吉祥话必须有，但无须重复。更多的是要表达情感，传递服务的理念，让客户感觉到唯一与尊重。

二、母亲节营销，不仅要有创意还要有心意

对门老李

母亲节是一个蕴含着深情厚谊的节日，更是一个感恩的节日。营销的产品是用来献给每个儿女背后那位伟大而又平凡的母亲。在营销上，应该是以小见大，触动投资者内心深处，方为好的营销文案。

1. 常规营销方案

（1）孝顺存单。存一笔特殊金额的存款，寄托对父母的祝福。比如，

存99999元，寓意长长久久；还可考虑存其母亲的生日金额，送去特色的祝福。

（2）工艺黄金。精美的黄金饰品，赋有祝福母亲黄昏晚霞更加辉煌的含义。例如“花开富贵”，期望家庭红红火火；“绽放玫瑰”，赞美女性刚柔并济、秀外慧中。

（3）健康保险。养老年金保险、健康险都是机构母亲节常常推出的活动。例如，有的公司推出骨折险等，可以给老年人多一份的保障。

2. 升级营销方案

（1）综合理财。综合理财不是单一产品营销，而是一揽子理财方案。例如，上述常规产品可以辅之以妈妈理财、保障计划、积分活动、特殊利率等多元化产品打包推出。这样做的重要优势在于，通过多款产品绑定投资者，可以在未来为客户提供精准与丰富的服务。

（2）精准人群。在母亲中，有的初为人母，有的则已白发苍苍。有人一心事业，有人甘为家庭，所以在营销中是不一样的。不仅儿女可以营销，母亲本身也可以定位。比如平安银行打造“靓妈节”，针对的群体是相对年轻的、有购买力的族群，因此低价购物、积分兑换作为主要的互动方法。如果为即将退休的母亲族群，那么退休养老、旅游文休则是更容易切入。

（3）形式多元。形式多元的营销，不仅仅是产品的展示，更重要的是具有丰富的人文情感。组织母亲节的活动，可提供给母亲在这一天特殊业务通道体验，可以有感人的视频，可以有线上线下的联动等。环节越丰富，乐趣就会更多。

3. 新意更要心意

关于母亲节有很多走心的视频广告，无一例外的都是在唤醒人们内心深处对妈妈的情感。特别是在生活节奏加快的今天，儿女对老年人平日的忽视，在这一天都会集中释放。引导子女形成共鸣，顺势引导，在营销上则会有很好的效果。

母亲节营销，特别考验策划者的功力。一方面，要和产品有机地结合，不能有违和感；另一方面，不能特别的功利，否则容易引起投资者反感。老李对星巴克的“马克杯”母亲节营销评价颇高，利用其特有的文化，推出母亲节特别款，一个杯子寓意“一辈子”，很好地承载了儿女的情感。期望我们做一个有温度的热血营销者，做一个走心的营销策划者。

三、“5·20”是哪些理财产品的销售机会

对门老李

“5·20”是网络族群的语言，是网上情人节，谐音“我爱你”。在笔者的眼中，这更是一个充满客户关怀与销售机会的节日。

为什么选择“5·20”作为销售契机，从实际出发，至少有三个好处：

(1) 受赠方没有预期。七夕、情人节等节日，受赠方往往会有礼物预期，而对“5·20”这样的节日，不会有太多期望。但是，从营销策划角度，超预期一定最容易给客户留下深刻的印象。

(2) 唯一性。这样的节日对客户有所表示，更容易凸显差异化。想想端午节给客户送粽子，多数是淹没在人海中的。

(3) 时尚。对特定人群来说，这样的节日充满着浪漫的意味。值得提醒的是，不仅只有年轻人渴望时尚，中老年人亦是如此，时尚不是用年龄划分的。

问题来了，金融机构“5·20”有哪些产品可以推荐给客户？

1. 实物贵金属

黄金饰品代表着财富，象征着高贵、稳固，适合在情感类节日表达感情。

2. 爱情存单

在上一轮情人节中，爱情存单被多家银行转发。比如，今天存入

12725.27 元，明年收获 13145.20 元（一生我爱你）之类的。再比如，存入 504355.28 元，一年后是 520999 元（我爱你天长地久）。

3. 代销纪念品

比如，目前有几家银行正在销售第三套人民币纪念版或者迪士尼币。以第三套人民币纪念版为例，这是新中国使用最长的币版，承载了太多的故事。谁说情人节就是年轻人的节日，很多使用过这版人民币的人，历经沧桑岁月更能体会爱情的意义，说不定，还可以勾起一段往事的回忆。

4. 保险产品

保障类保险，对家人是一份呵护，送家人这样一份礼物，在这样一个特殊的节日，一定很有意义。

5. 生命周期基金

目前有这样的基金，比如某某 2046 基金，天颐年丰基金，大概都是有这样一生概念的。其实卖点在于——我能想到最浪漫的事，是和你慢慢变老，变老的日子里，有一份保障，伴我们走过每个春夏秋冬。

6. 定投

定投是一个好的投资习惯，特别是在 5·20 这样的节日作为礼物送出去。可以给孩子，表达“我爱你”，寄托孩子成长的期许，用定投积累财富；可以给爱人，表达“我爱你”，财富增长见证爱情永恒等。定投的品种可以是基金、黄金（积存）、保险（期缴）。

话术场景：（某年轻妈妈晒 5·20）张小姐，刚看您转发了 5·20 的爱情故事，特别感动；没错，一份真挚的情感需要双方的付出、相互的包容、激情与平凡的交融，还有经济上的护航……其他的需要去经营，但是经济护航这一点，我不一定给您推荐产品，但是我真的建议您考虑定投的投资方式，与爱情一样需要恒久与坚持，历久弥真……嗯，我简单给您介绍一下。

四、儿童节的推荐产品及活动建议

对门老李

“六一”国际儿童节，很多财富机构都会组织别开生面的儿童主题活动。笔者也曾受邀参加过多次儿童节活动策划主讲，今天我们一起聊聊有哪些活动或者产品可以在儿童节期间推销。

首先我们要知道儿童节的潜在客户群是哪些？包括但不限于儿童、青少年、辣妈、“猫爸”、隔代长辈、青年男女、老师、儿童商业机构……从儿童产业链综合考虑潜在客群。

产品列举：

1. 儿童饰品金

体现健康、长生、活泼、吉祥、团圆、学业主题的饰品金，都可以是理财经理向客户推荐的产品。

2. 基金定投

通过儿童定投的模式，积攒学费等，均是供父母选择的优秀品种。

3. 儿童节理财专属产品

对特定客户发送专属产品，理财经理可针对有子女的高净值客群进行销售。

4. 保险产品

在保险产品观念逐步转换的今天，为孩子选择适合的保险产品已经是一个趋势。

5. 附属卡产品

通过加大附属卡的开卡力度，对年轻客户群借儿童节主题进行营销，往往事半功倍。儿童节不一定只属于儿童。

6. 账户金积存业务

现在很多银行都开通了存金通、易存金等积存类产品，这与孩子的成长周期是匹配的，配合相应的话术，成功率很高。

7. 特别存单

银行可以设计特别存单类产品，供家长为孩子储备教育金。另外，儿童节也是丰富客户资料的一个重要的节日，节日体现的是温情、成长的主题。合理借助客户关系管理（CRM）系统进行精准、温馨、趣味的营销。对待儿童节主题，尽量不要功利，短视的销售容易引起家长的反感。

儿童节的活动是丰富多彩的，老李曾在2004年应邀参加某行的儿童理财比赛担任评委，其中儿童比赛ATM（自动取款机）取款竞速环节给我留下很深印象。

另外，儿童节活动还可以有财商教育（主要通过互动和理财小知识，让儿童觉得有趣）；儿童观影（近期有多啦A梦、海底总动员等一批影片，都是组织活动的好由头）；儿童产品折扣（可以结合信用卡业务一起来做）；儿童绘画、乐器比赛（招行的钢琴赛很成功，值得学习与借鉴）；儿童理财日（儿童小达人的比赛，很有意思的，老李参加过多次）；饰品金巡展等。

五、中秋节给客户送点什么

对门老李

中秋节将至，作为客户的服务者，是一个表达谢意、联络感情的时间窗口。《礼记·曲礼》中也提到“礼尚往来”。送礼品是我国的交友文化传统，也是社会交际的基本法则。那么，中秋节作为中国传统的团聚节日，此时，给客户的礼品怎样选择呢？呈送的方式怎样才得体呢？这些问题是很多刚入行的理财人员经常头大的问题，借中秋节将至，聊聊这个话题。

财富管理机构送礼有几个忌讳：

第一，不要总想贵的。因为财富管理机构的赠礼对象，高净值客户偏多，所以总是怕礼品不入法眼，于是总往高大上去琢磨。

但想想预算，想想“八项规定”，想想对高大上的东西的理解程度，真的不建议总是朝着这个方面想。就如你还是高尔夫练习生的水平，就不要请客户下场打，不在一个水准，必然不能产生共鸣，这是忌讳的。

第二，批量送不如单独送。有的财富机构准备了礼品，有的客户经理这样说：“我们单位中秋节给每位高端客户准备了礼品，届时您过来取一下。”如果之前还这么说，赶紧改一改，问题很严重。主要是因为这两个问题：

(1)“给每位都准备了”——客户感觉上是应该得的；

(2) 感觉这个过程冷冰冰的，送温暖搞得很高冷，还让人来取一下，客户来了，一看是个环保袋，你这客户就流失了。

送给客户礼品时，最好让他感到是尊重他、想着他。“千里送鹅毛，礼轻情意重。”

第三，礼品最好别太俗。中秋最俗的礼品是什么？对，就是你心里的这个答案！想想人家高端客户那边月饼成山，月饼票“黄牛”在他家窗台下面候着，你就知道这个会被淹没的。

如果已经准备月饼了，那至少应该有一些可以强调的：这个月饼的历史多久，你是花了多长时间排队买到的，甚至到你这儿正好卖完；这个月饼纯手工打造，限量白金卡 VIP（贵宾）一天一个人最多买半盒，送这一盒都是两人排队去的等。

接下来问题是，礼品除了送给高净值客户，潜力客户要不要送？帮你转介的客户要不要送？对服务产生误解的客户要不要送？理财产品受伤较重但让你感动的客户要不要送？这些问题都是理财销售人员需要考虑的问题。

送什么礼品适合，客户收到不会有压力。

1. 客户能够用得到的

比如中秋节不光可以送月饼，精品水果箱也是一个好的选择，客户也可以给家人食用，也可以单位分享。无公害蔬菜，能够拉近你与客户的距离。特产，有位银行的朋友曾经给老李寄来一箱特产大米，沉甸甸的，很容易令人感动。自家制造，昨日有学员在班内说自制的冰皮月饼，如果确实好吃，那也是不错的选择。以前还见过送自制寿司、自制烘焙的蛋糕。不过有个建议，确定要送自制的食品，一定要有个特别好的包装，简约不简单那种的。

2. 客户感觉新奇的

送一些科技类产品，比如现在大家看手机比较多，很容易感觉颈椎不舒服。可以选择一款颈椎按摩仪，千元以下，效果不错。

面对环境问题，可以选择空气净化器。净水器、加湿器、桌面负离子清新器，也是可以考虑的。

最朴素的礼品——书。中国人讲究开卷有益，一本好书一定是多数高净值客户喜欢的礼物。不是有人讲，在乘飞机时，经济舱都在聊天或睡觉，公务舱都在电脑邮件，头等舱都在看书。因此，一本读过的好书、畅销书都是可以赠与客户的。

最温馨的礼物——花。如果给女士实在想不到送什么，送花不失为一个不错的选择。送之前最好搞清楚花是什么寓意，送几束合适，别造成误会。

3. 转达给家人的礼品

如果不知道给客户送什么，不妨给他的父母、小孩、爱人送一些我们认为需要的东西。因为东西不是直接送给客户，所以一般不会被拒绝，也很得体。

4. 高格调的礼品

朋友说，高格调就是奢侈品，特别贵。这话没错，这些高格调的礼品特别适合文艺范的客户，顺便也可以拓展一下视角。比如，送几瓶上好的矿泉水，美其名曰君子之交淡如水。什么水？依云不太合适，都知道，至少也得给文艺型客户送希顿矿泉水，同时告诉她这是来自英格兰南部汉普郡的白垩丘陵，低钠含钙，适合炖肉……

5. 最高境界是投其所好

这点要求理财产品销售人员对客户要有背景调查，才能切合其需求。老李说几个真实的例子：某高净值客户喜欢电脑游戏，其客户经理经常帮其找到好玩的游戏；某客户喜爱书法，其客户经理找到一位篆刻名师帮其雕刻印章；某客户喜欢中南海香烟，其客户经理每次到北京都帮他带两条等。这不仅是送礼了，更是用心。

第七章 行销要素——营销策划增效

一、客户活动的组织与策划概览

对门老李

有些销售案例只能学习不能复制，而有些销售案例是可以复制的。客户活动的组织就属于后者，我们对此做了一下分析，希望大家有所借鉴。

但是在这之前提醒大家，每一个成功的案例，一定是实施人“修炼内功”后的水到渠成，绝对不会仅仅因为这个点子就能“一指定乾坤”。用一个好点子救活一个厂子、搞活一个企业的时代已经定格在某个历史，现代企业一定是综合实力的比拼。所以在此介绍一些好的营销活动案例。

金融机构活动策划要注重三点：①客户的需求；②活动的实质内容；③活动的效果量化。其实这三点是一个多方递进关系，第一点是客户需要的，第二点是活动过程，第三点是银行需要的。

我们做活动不是赔本赚吆喝，在商言商，一定有所求。

我曾受邀请在金融机构做活动的时候，一般会从侧面提醒银行组织者，不要忘记营销。很多银行在做客户答谢的时候，经常是单纯的答谢，常常把营销内容忘掉。常常是活动很精彩，员工们累得够呛，花了不少钱，客户满意度很高，但是没有趁热打铁，什么也没有营销出去。这时候主办方总有一种心态，现在给客户留下好印象，以后慢慢营销。

话是没错，但是为什么这时候能够出手而不出手呢？客户不喜欢推销，但是有策划、高质量的销售是不会让人反感的，因为客户有理财需求。

说一下高净值客户的出游活动，典型的线下活动。

与高端客户一起出游，一定是和谐关系，建立信任的一个良好的途径。大家可以抛开以前的业务关系，共同沐浴着户外的晚风，放松心情，是一种很好的活动方式。

根据经验，有几点可供大家参考：

(1) 注意人群层次的匹配。比如，同是大客户，家庭资产都在百万以上；同是知识阶层，教师、公务员、医生等；同是企业负责人等。

(2) 允许该人群带一名朋友。作者的经验，大客户的朋友也是大客户，这是转介绍的良好形式。但是为什么建议就带一名？一是当一个群体人多了，容易形成小圈子自我封闭；二是客户经理也没有时间一次就搞定两个以上的客户，也照顾不过来。

(3) 尽量不要让客户带小孩（小孩专项活动除外）。这也是作者的经验。有小孩参与，如果太小，确实让团队非常麻烦。另外，客户的注意力都在孩子身上，很难玩得特别尽兴。我们看很多国外电影，两口子出去，基本都把孩子寄托在邻居家，就是这个道理。

(4) 不要担心很简单、很俗的活动不适于高端客户。中国的高端客户都是近 20 年产生的，大部分人都是“富一代”，不要担心活动太小儿科他们看不上，中国现阶段应该还没有贵族。我曾经在一次高端客户出游活动上看过一群高端客户一起玩碰碰车，玩兴上来以至于耽误了后面的行程。

(5) 如果仅是一天的出游活动，尤其是亲近大自然的活动，建议不安排讲座。这个我也是有亲身经历的，在一次行程安排非常紧的活动中，主办方为体现活动的多样性，邀请我作讲座，好在讲座内容还算吸引人，但效果也逊于在其他场所的同样的课程。所以，如果时间紧张，不建议再加讲座。

以上经验供各机构借鉴。

二、如何组织一场好评如潮的客户投资交流会

对门老李

每逢节假日，各财富管理机构都会纷纷举办各类形式的投资交流会、报告会、产品推介会，其目的：一是为老客户提供面对面的服务，加固老客户群；二是推荐新型的理财产品，开拓新的客户群；三是帮助客户布局其全年理财运作计划。

客观地说，组织一场设计新颖、别开生面、精彩纷呈、感人肺腑的客户交流会，不但能够提升客户满意度和社会美誉度，而且能够为接下来的工作打下坚实的基础。不过老李在近一个月参与了数十场客户交流活动，还是看到了交流会中的一些问题。总的来说，客户交流会中主要存在五个方面的问题。

1. 推介产品过多，重点不突出

案例：某银行组织的一场交流会，邀请了保险、基金、黄金、券商等部门的讲师同台献艺，其初衷是，追求“为客户全方位的配置资产”服务。

点评：理想很丰满、现实很骨感。对于非专业客户，一次灌输太多产品，最后往往是什么都没记住。老李的经验是，选择两个产品正好，有重点、有关联、有引导的阐述，客户更容易接受。如果在会上介绍的产品太多，主次不分，使客户听得似懂非懂，糊里糊涂，思维混乱，其结果是“老虎吃天——无从下口”。

2. 讲座时间过长，客户疲惫度高

案例：某行请券商分析师分析形势，讲了一个半小时，演讲技巧不佳，讲走了一半客户，另一半睡着了。

点评：客户不是理财经理，最有效的听讲时间最长大概是 45 分钟（为什么学校一节课是 45 分钟，是有根据的），超过这个时间，哪怕讲得再好，也会出现边际效果递减。建议讲座时间，最多45 分钟，如果讲得不好，半个小时也就可以了。

3. 标榜纯服务，不涉及任何产品，令客户茫然

案例：某机构请作者作金融市场宏观形势讲座，强调不要带入任何产品，只是客观地分析市场。

点评：还是理想主义了。纯服务的形式很多，送客户两张话剧票，未必比讲宏观经济的效果差。而客户既然来了，纯听宏观经济的内容，意义不是那么大，又不是专业搞经济调查，没必要指点江山。作为客户引导，需要落实到产品上，这是符合客户需求的。客户交流会是个很好的产品推荐机会，推荐合适的产品给客户也是为了客户好，为什么非要搞“纯服务”才能凸显对客户服务的不功利呢？合适的产品，要落地的。客户报告会要“实战”，不要“放空枪”，因为客户来参加报告会的要求与企盼就是听了报告后明白要选什么产品，做出理性的决定。

4. 准备不充分，仓促上马，成效不佳

案例：某机构一周前定下组织活动，仓促举办，会议地点更换数次，邀约不系统，因此导致客户到场率不高。活动中很多细节考虑不周，例如像客户车位这样的事情都没有顾及到。客户来了停不下车，围着会场绕几圈，耽误了入场时间，而且会在心理上或多或少地产生怨气，心里不痛快，从而导致客户对该公司的印象不好。

老李点评：交流会的形式其实是需要花很多精力的，小到摆花、座位布置，大到培训讲师邀请、领导讲话，每个环节都需要精心设计，营造一个良好的会场环境是产品推介会成功的重要环节之一。如果客户一次体验不好，以后的出席率会更低。总体说，客户交流会准备事项有四大板块：准备—邀约—现场—跟踪，哪个环节做不好，都会影响成交效果。正如人们常说的，细节决定成败。

曾有位理财经理说，为了提高上座率，可以提高奖品的价值，但这是下策。同时，还要提醒各位理财经理，高价值的东西，不要统一发。统一发放礼品，客户感觉是应得的，没有感觉，没有太多的感谢成分。高价值的东西，要单独送。

5. 活动形式过于传统，缺乏创意性

当前，很多机构年终活动，多数还是茶话会形式、授课类形式等。可以说这些形式都是十年前的模式了。有创意的新思维，需要与时尚的科技结合，超越客户的预期，激发年轻员工的创造力，才能给客户留下深刻的印象。欲要使推介会开得精彩，富有成效，就要求演讲者用实在的话语说服人，用真实的案例教育人，用贴心的服务拉近人，用循循善诱引导人，用时尚的科技启发人，用精彩的形式激发人。在报告会上要增强互动性，让出席者跟上你的思维，进入角色，使他们听得入耳、入心。活动组织的精彩，客户有收获、有交易，才会更加感谢你，才会好评如潮。

客户活动的组织与策划（上），扫码看视频，付昊涵老师主讲。

客户活动的组织与策划（下），扫码看视频，付昊涵老师主讲。

三、“赠品”在理财销售中的效用

对门老李

最近《中国日报》有篇报道，印尼某处房屋广告，买房赠媳妇，吸引了很多人的眼球。老李联想到金融销售的赠品，觉得还是有必要分享的。

先说买房赠媳妇这事，比如四川德阳有个楼盘广告也是这么打的，不过最后搞明白后才知道，是“买房赠给媳妇”的意思。从营销学的角度来看，这样的广告确实能够吸引眼球，但是，客户知道真相之后反而会产生逆反心理，是无益于销售的。

在金融销售中，赠品是需要慎用、少用的。金融产品销售的特点，决定了赠品并不太适合金融销售。赠品的逻辑是“体验式营销”。在金融产品中，除了电子银行、贵金属等少量的产品外，多数很难找到直接相关的赠品。赠品最多的消费品中，化妆品是个很明显的例子。“赠品”即是试用装，效果好自然带来持续使用。在金融产品上，客户投入的资金巨大，小小的赠品与客户未来收益预期相比显得微不足道。因此，规范赠品的使用非常必要。如果客户提及赠品，理财经理应如何应对呢？

话术

客户：做这个定投有赠品吗？××做定投还给保温杯呢！

理财经理：是吗？什么品牌的保温杯？（转移思维）

客户：没注意啊！

理财经理：现在保温杯品种不少，用之前最好了解一下，尽量用些品牌的。不过这不是重点啦！王大姐，我是特别想提醒您，咱们做投资，可别把眼光放在小的地方……没错，就算是个很好的保温杯，跟咱真金白银投入相比，这才哪到哪儿啊……我这儿确实没准备杯子，可是我把心思给您放到了选择好产品上面，就我给您推荐的这个定投基金，三年都是五星基金，公司品牌也大，今年涨了52%，您说这是不是才是最重要的？（反问很重要）咱不能丢了西瓜捡芝麻！

您这才是正确的理财观，再说，马上夏天了，要什么保温杯啊（玩笑）！

在金融产品销售上，赠品的效果比较初级，不过在有些方面，能够有些许的用途。关于赠品，以下环节需考虑：①同质化产品且服务同质化，赠品可以起到相应作用；②限期销售产品的销售后期，可以用赠品做相应促销；③客户安抚时，同等条件下，附加赠品，突出尊享。另外，作者提醒，赠品一定注意使用场合，因为“赠品”容易给客户留下“是不是东西不好”的印象，如果好，为什么还用赠品？

四、微信朋友圈营销如何更有效

对门老李

微信朋友圈营销已成为客户营销的重要方式，如何让营销更加的有效，有哪些细节应该注意，我们作以下分析。

微信用户情况：

微信客户呈现高净值化、年轻化等特点，每天打开微信10次以上的人员占大多数。因此，根据群体特点播发朋友圈消息，有很多细节要求。最起码要求是，播发朋友圈消息时，至少不能让别人感到厌烦。

要想做好微信营销，首先要对朋友圈进行分组。特定的内容需要经营，发送不同有针对性的内容给不同的群组。老李一直倡导给不同的人提供不同的信息，既是对资源的有效利用，也不会耽误客户太多的时间。

一般来说，分组可以分为同事、客户、好友、家人等若干个群组。

第一印象的三个要素包括：姓名、头像、签名。

姓名最好以真名为主，当然也可以使用英文名或者其他，主要是更好地让客户辨识。如果起一些无厘头的名字，则要考虑清楚。有的名字欠考虑，比如：过把瘾就死，想想客户看到这个名字什么感受。如果希望自己的名字可以排在前面，不妨在前面加一个“A”字。

头像可以用工作照或者自己比较满意的生活照，最好不要用让别人不适的照片，如果头像让别人看着恶心，谁还愿意与你交流。

签名比较常见的是感悟、名人名言、真理、率性的文字，最好能够体现出正能量。多数人还是愿意和正能量的人接触。

微信朋友圈发送信息还要注意以下几点：

第一，一定不能千篇一律是广告，这样会被客户屏蔽。

第二，切忌朋友圈中群发测试。有些人经常测试是不是有人把自己删除了，其实客户收到这样的信息，倒可能将发信息者删除。

第三，除了上述避讳的内容，不妨再发送一些幽默搞笑、简单明快的内容。

经常给他人点赞、评论。对此，老李的经验是能评论就不点赞，评论还要带着感情。你经常为客户发送的东西点赞，也是与客户沟通的一种方式。有温度的点赞，客户也是能够感受到的。当然，点赞也要认真地看看内容，不要出现客户抱怨的时候也不分青红皂白地点赞，比如客户减肥失败的抱怨，有人点赞，“友谊的小船说翻就翻”。

微信朋友圈营销信息发送时间最好是早晨、下班前、假日、晚间这几个时间段。而且不同的时间发送的内容往往是有区别的，早晨的时候，一天的工作即将开始，正能量的东西要满满的；而晚上更需要一些轻松的内容放松心情。当然一些“干货”也是容易提升内容的，不过不同的行业有不同的诉求。每天发送的频率最好不要超过五条，同质化的内容不要刷屏。

微信朋友圈营销，发送纯粹的广告要讲技巧。

硬广告大部分人都不是很喜欢，理财产品的硬广告更是如此，除非产品收益特别高，而且产品的文案、配图都是经过精心设计的。

比如，一个广告要考虑推送的时间、人群、特点、内容、互动、活动等多方面内容。包括在产品下方的评论怎样设计也是一种讲究。

细节未必决定成败，但是一定会影响成败。微信营销是一门新的学问，如何有效地加以利用，也是需要理财经理认真琢磨的。

五、为何对有些销售者来说，到处都是营销机会

对门老李

有个与我关系不错的理财经理，曾抱怨道："最近大势不妙，经济下行，市场萎缩，没有营销机会。"听到这话，我引用了句网络语回复他："我一口盐汽水喷死你"！不然实在是难以表达心中的愤懑情绪。

市场中不缺少营销机会，而是缺少发现营销机会的眼睛和智慧。以纪念币预约申领为例：

近期央行委托各银行兑换纪念币，出现了排大队的现象。作为被指定的兑换网点，在如此多的流量客户兑换过程中，理财经理有没有用心当作一次极好的拓客机会。

话术

先生您好！您是办理预约兑换贺岁币业务的吗？您眼光真好，到昨天早晨七点，我们网点的纪念币就都被抢完了，好多人没抢上。这次纪念币是双色铜合金材质，正面是一只抬头远眺的小猴。因为是"丙申"年，所以背面有这个字样。咱们省配额这批兑换贺岁币才 1000 多万枚（不要提 5 亿枚）……这确实是只赚不赔的保底型理财啊（专业介绍）。可惜一个人只能预约五枚（提出问题），所以有很多藏家也同时订购人民银行发行（其实是下属单位金币总公司）的猴年金银币作为补充。您对收藏这么专业，想必也收藏猴年生肖金银币了吧……啊，还没有（简单介绍产品），

从目前情况来看，我们更认为，这类产品不但有黄金的价值，而且还有收藏的潜力（凸显优势），特别适合在春节压箱底或者送给孩子（构建场景）。

您知道去年羊年的纪念币升值幅度吗？我看网上说已经市价80元了，涨了8倍，市场真是火爆。不过我们还是建议客户面对投资理性一些，这次我们专门给预订纪念币的客户做了一个收藏家专享折扣，就是……对，就是在春节前，不是每个客户都有的。

总之，当客户到网点时，理财经理要使其更能够感受到不同的服务，了解感兴趣的产品，留下深刻的印象，接受理财的理念。为此，理财经理要把握住每一次营销机会，在理财上去引导客户而非迎合客户，最终收获与客户的双赢格局。

无论你的机构是不是纪念币的兑换行，其实都有各类的营销机会。这样的机会，是可以通过精心策划、有心挖掘得到的。例如：

看到磁条卡，就能和客户聊到安全与卡升级。看到客户不知什么时候买基金，就可以推荐定投。看到客户信用卡额度低，就推荐可以提额的相关产品。看到旅游购汇，就可以和客户谈年底购汇额度。看到客户期缴保险，就要想起客户的周期服务等。

机会是赋予有准备的人，机会只青睐有心者，机会是可以发展的。机会都有，产品都有，就是看你是否留心。在销售的新时代，从硬件到软件，从专业到服务，从岗位协同到客户微信，甚至是电子荧光屏、迁移话术这样的细节，都会潜移默化地对客户产生影响。另外还要提示的是，理财经理推荐产品，一定要符合客户的情况，推荐自己认同的产品。

营销机会的把握能力，是理财经理销售的基础能力之一。有高人讲，销售者如果纵横捭阖，合纵连横，无中生有就是营销的最高境界。这话听着有些玄乎，但是有正确的一面。顾问式营销的本质，就是根据客户需求，联系到相应的产品，没有需求可以创造需求。正像习近平总书记在讲到大庆精神时，曾赞扬大庆人在艰苦的岁月开发大油田，“没有条件，创造条件也要上”。比如：客户说自己不买基金，都套着。那么直接就可以开始基金诊断。营销机会分成五个维度：需求驱动、事件驱动、专业驱动、技术驱动、其他驱动。需求推动，基于客户的配置，保值增值的要求，而会延伸营销机会。事件驱动，比如上文提到的纪念币的营销，还包括股市调整、海外保险新闻，等等；技术驱动，新技术、新数据引发的业务机会，等等。

总之，营销是一门大课，是一门深邃的课，是一门有着系统理论的课。只有那些掌握了其内涵的人，抓住要领，在实践中熟练运用，才能提高自己的营销技能，才能在营销活动中游刃有余，才能有所建树。

六、怎样才能让客户给你推荐其他客户

对门老李

客户转介是拓展客户的常用方法，其成本要远小于开发陌生客户。该方法适用于已有较多的忠诚客户，已形成可不断延伸客户链的理财经理。以下场景均可以进行客户的拓展：

1. 有奖转介激励法

活动设计时，理财经理需同时考虑转介人及被转介人的利益。例如，“迎新春——立享升级活动”，转介人每推荐一位贵宾客户，即可享受年度VIP室优先办理权，而被介绍贵宾客户可获得“三免一优先”权利，同时可获赠理财产品的优先购买权。

理财经理还可以使用费用，策划惠及转介人及被转介人的联谊活动。

2. 超预期收益时，趁热打铁法

客户获得超预期收益往往会表示感谢，此时是对客户提出转介要求的最好时机。此时，客户往往也愿意将周围的人向理财经理进行推荐。

场景举例：客户购买了基金产品获利，称赞之时，也是请其推荐客户

的时刻。可建议客户邀请朋友一同参与体验。无论是报告会还是各类休闲活动，都是让客户带客户的机会。

在被转介人开户后，有几点提醒：

第一，承诺马上兑现，对介绍客户强调感谢。

第二，接下来三个月强化客户关怀，避免礼品套现情况。

第三，最好打组合拳，系列活动对强化客户黏性更有效。

每到年末的时候，理财经理既可以帮助客户回顾一年投资理财情况，也可以拓展新的客户资源。有道是：为有源头活水来。

第八章 以点带面——决战产品营销

一、大额存单的销售

对门老李

首批大额存单于2015年6月15日起发行。截至2015年年末，将大额存单发行主体范围进一步扩大至2015年11月底以前发行过同业存单的地方法人金融机构及外资银行，机构个数由目前的102家扩大至243家。

1. 大额存单产品特点

（1）安全。大额存单就是存款产品。该产品纳入存款保险范围，这是跟其他金融产品最根本的区别。

（2）灵活。可以提前支取，在未来还可以具有各种质押、转让等功能。这是该产品最容易打动客户的优势。

（3）收益。在前面两点基础上，收益才是其亮点，毕竟客户会比较理财、货币基金等收益。

（4）其他卖点：股市盈利转存、降息周期锁定收益等。

2. 大额存单在营销中的作用

（1）资金归集：理财经理可以通过产品沟通，把客户在不同机构的低风险资金进行归集。

（2）客户摸底：理财经理通过对大额存单的介绍，了解客户的风险偏好，摸清客户需求，推荐不同类别的产品。

（3）企业梳理：很多企业因为各种规定不能购买理财产品，大额存单能满足企业购买理财产品的需求。

总之，大额存单是利率市场化的重要一步，意味着利率市场化逐步进入一个新的格局。我们猜测，近期，央行将会放开存款利率上限，这对商业银行是一种考验。因此，尽可能吸引更多的客户，辅之以多产品增加黏性，才是未来制胜的王道。

提示

存款靠守，是守不住的。

只卖理财，终究是给别人的。

不要躲避互联网金融，学会拥抱互联网，利用互联网做好客户服务。

二、十类主题型基金的一句话营销卖点

对门老李

基金产品的同质化是行业的一个特点。因此，产生了一批顺应热点的基金，掌握这些基金核心的设计出发点，才能更好地跟客户沟通。

1. 医疗健康主题

人口老龄化增加了大众对医药的刚性需求，人民生活水平的提高，推动了大众对健康品质生活的追求。

2. “一带一路”主题

“一带一路”经济发展战略是国家意志的顶层设计。在新常态下，“一带一路”是国家走出去的战略部署，有利于释放产能、拉动需求，结果是多方共赢。

3. 生态环保主题

过去经济发展牺牲了环境，历史欠账巨大，在经济调结构的背景下，生态环保股票获得历史性机遇。

4. 金融地产主题

到牛市中期，低估值的板块开始被挖掘，金融地产是很好的投资标的。

5. 国企改革主题

国企改革是经济转型、企业升级的大方向，这其中蕴含着巨大的改革红利，是自股权分置改革以来的又一盛宴。

6. 中小盘主题

中小型企业具备高成长性和中小市值的优势，容易得到青睐，此方法在过去五年中得到了市场的验证。

7. 行业轮动主题

市场风格将在结构性牛市中不断切换，具有优秀选股能力的基金能够把握市场节奏，与行业共同轮动。

8. 互联网主题

互联网是又一次技术革命，引领世界进入信息时代，能够发现互联网正在改变人们生活的方方面面。

9. 城镇化主题

新城镇化是李克强总理提出的“新四化”的重要内容，它可以在一定程度上解决我国人口红利消失后的劳动力问题。

10. 全球精选主题

有效分散单一市场风险，获取全球增长红利。特别是在全球经济逐步复苏的背景下，具备反转机会。

关于这些行业和发展主题，有十个关键词可以作为例证：①医药健康：马拉松（马拉松赛事近年明显增多）；②一带一路：高铁；③生态环保：APEC 蓝[①]；④金融地产：涨幅最小；⑤国企改革：核电上市；

① 指 2014 年 11 月 12 日 9 点中国环境监测总站检测北京水立方附近天空的三基色数据。

⑥中小盘：近一年150%；⑦行业轮动：从TMT[①]到眉（煤）飞色舞（无）；⑧互联网：微信；⑨城镇化：土地流转；⑩全球精选：美股、港股。

三、债券型基金如何销售

对门老李

以国债、金融债等固定收益类金融工具为主要投资对象的基金，被称为债券型基金，因为其投资的产品收益比较稳定，又被称为固定收益基金。该类型基金风险较股票型基金小，适合大多数投资人。那么，债券型基金的卖点是什么？

1. 从销售时点角度

在股票市场较弱的背景下，市场观望气氛较浓。债券型基金波动较小，是资金的避风港，特别是短久期债券受益于降准等政策的影响，存在较多的机会。

2. 从市场预测角度

债券型基金截至2016年已经走了多年的牛市，目前货币宽松，降息概率依然存在，信用利差将维持较低水平，外汇波动也对低风险债券有需求。因此，债券基金仍然存在着配置的机会。

3. 从产品本身角度

债券型基金支持随时申赎，费率较低。过去一年平均业绩优秀，投资人在资产配置中，可以部分替代理财的浮动收益产品。

债券型基金大致可分为普通债券基金、可转债基金、纯债基金、债券ETF（交易型开放式指数基金）、中短期理财债、封闭纯债等若干个类型。

普通债基金和可转债基金由于契约，允许有一定的股票仓位或者债

① 科技、媒体、通信三个英文单词缩写的首字母合在一起。

券表现出的股性，所以其最大的风险在于股市波动的风险。开放式或者封闭式纯债，不会有股票或者转债仓位，因此风险主要来自债券市场的变动。当然，在操作上，开放式纯债的操作杠杆可以达到140%，而封闭式纯债可以达到200%。中短期理财债基与货币基金类似，每天净值为1.00元，但一般会有一个短期期限开放申赎，滚动操作，该类产品风险梯度基本等同于货币基金。

由于现阶段债券到期收益率处于低点，通胀与贬值对债券还是有压力的，因此可以侧重于利率债与高信用评级配置比例较高、久期偏短的债券基金。

债券型基金适合风险偏好较低的客户、对国债等产品青睐的客户、需要强制储蓄的客户、对股市失去信心的客户、能够承受一点风险但抱怨理财收益下降的客户等。

四、港股基金如何销售

对门老李

总结了港股基金的一些基础知识和卖点，供理财经理参考：

1. 港股低估值，为何长期滞涨

（1）港股机构投资人多、交易量小、部分股票流动性差；

（2）“政改”、MERS（中和呼吸综合征）、“占中”等一系列事件影响；

（3）交易制度无涨跌停板、T+0操作法回转交易；

（4）股票供给自由，可以闪电融资，大股东减持和配股比较随意；

（5）投资逻辑存在差异，国内资金尚无定价权。

2. 当前港股的优势

（1）低估值：三低。AH溢价指数近期达到142点，是6年来高点。港股目前估值比历史平均水平低10%，恒生指数市盈率只有10倍。相对全球新兴市场，同样也是低估值。

（2）资金进场：公开市场投放港元余额从 2016 年 4 月加速上扬，深港通、中港基金互认、合格境内个人投资者（QDII2）逐步落实，交易量逐步放大。

香港将承担大陆与世界互通的桥头堡职能。人民币加入特别提款权（SDR）加速人民币国际化，“一带一路”的外向型经济延伸 WTO 保护期大限将过，都需要香港市场发挥重要作用。

3. 港股基金举例

（1）银华恒生国企指数基金（161831）

跟踪恒生国企指数的分级基金。其卖点为“港股机会 + 国企改革 + 资金关注”，被动指数投资，仓位较高。

（2）招商标普金砖四国指数基金（161714）

港股配置较多，当前折价率最高（接近 5%），被动指数投资，仓位较高。

（3）南方香港优选基金（160125）

基金成立于 2011 年，主动管理风格，长期业绩良好，红筹股比重高。

（4）长盛环球景气行业基金（08006）

基金目前主要重仓港股和美股，同时收益港股机会和美国加息，基金主动管理型业绩优秀，基金经理自成立未更换较为稳定。

4. 销售话术要点

（1）A 股调整之时，正是调配置之日；

（2）重点推荐 1 ~2 个基金，理由充分；

（3）低估值注意同一股票在两市的不同比较；

（4）美元升值预期对港币汇率呈正向作用；

（5）关于港股定价权，国家在下一盘大棋，这样的故事可以研究，投资人愿意听；

（6）当前南下资金很多，而且资金持有人大多是一批先知先觉的投资人。

五、定增产品营销问答与技巧

君不见

忽如一夜春风来，定增产品冒出来。继保本基金后，最近很多渠道的朋友都开始推“定增”产品了。尤其是“五一”之后，好几家公募基金都开始发行定增产品了。

关于定向增发产品有时候一两句话说不清楚，可以简单理解成这个意思：相同的一只股票，你在二级市场购买，我在一级半市场用80%～90%的价格购买，如果未来同时退出，我就会比你多赚至少10%的收益。

1. 定向增发到底是什么

定增是指上市公司向符合条件的少数特定投资者非公开发行股份的行为。

“定增”具有以下几个特点：

（1）参与门槛高（单个项目需要几千万至几亿资金参与）。

（2）发行对象特定（主板和中小板发行对象不超过10名；创业板发行对象不超过5名）。

（3）可以打折购买（发行价不得低于公告前20个交易日市价的90%）。

（4）折价发行、锁定期（定增项目锁定期一般是12个月或36个月）。

其实对于“定增”通俗的解读就是，上市公司向资本市场各路大佬开始募资，募来的钱，上市公司会投产净利更高的经营项目、用于并购或资产重组等。作为回报，定增的股价会比二级市场价格打个折扣，但一般要求一年之后才能抛售。

2. 这个市场收益到底如何

“定增”的收益率一般是“遇强更强，遇弱不弱”。解禁后的“定增”股票，相比大盘指数更显示出左偏态分布的状态，即定增具有取得更大获得正收益的概率。

3. 定增是如何赚钱的

（1）折价：定向增发价格相对于二级市场价格的折扣以及低成本投资的天然优势。

（2）来自个股成长性收益：因公司实施定向增发，基本面改善，定向增发公司股票的估值得到提升。上市公司再融资功能带来的竞争优势。

（3）来自市场波动收益：市场上涨过程中，获取绝对收益；市场下跌过程中，可能带来亏损。

4. 这个时候进场是否有机会

今年年初以来，大盘一直下跌，很多人都感觉大盘反弹机会渺茫。其实，在目前的市场点位，大多数定增企业估值较低，同时定增发行折价优势明显，公司成长性和盈利能力易快速提升，无论二级市场如何波动，定增项目保持可观收益的概率很大。

5. 普通投资者怎么参与高门槛的定增

对于散户来说，要想直接参与定向增发，进入有钱人的世界，必须跨过两道坎：

（1）资金门槛。定向增发动辄耗资数亿，即使最小的也是千万级别，如果资金量不够很难参与其中。

（2）专业性门槛。从前期项目的调研沟通，到定增的报价配资，再到投后的管理对冲，处处都需要专业化操作，这对散户来说存在较大难度。

因此，散户直接参与存在一定障碍，只能寻求间接路线，通过专业投资机构发起设立产品参与。

参与定向增发也是金融产品博取高收益的重要手段之一。不管是公私募基金产品，还是券商资管产品，通过参与定向增发博取高收益，尤其是在震荡市环境下，定增类股票往往有较好表现。

目前多家银行渠道零售端在销售定增或者即将上线定增产品，包括信诚证券、博时证券、银华证券、国泰证券、南方证券等，有的定增产品起点只有

100 元。

6. “定增”产品有什么样的风险

“定增”产品面临的最主要风险是锁定期内上市公司基本面，或者股市环境发生重大不利变化而无法变现止损。不过定增产品都是组合式投资，除非遇到系统性风险，市场泥沙俱下，否则其抵御风险的能力要大于只参与单个公司定增的产品。同时，在市场持续下挫之时，对于积极型投资人来说，正是考虑参与有折价保护的定增产品一个时机，只有在低位参与，来年才可能获得更高收益。

7. 定增产品净值并不反映真实情况

定增产品采用的是摊余成本法，它的净值并不能体现其实际的盈亏状况。随着定增个股解禁期的临近，其估值逐渐向实际市场价格靠拢，所以投资人宜根据其最新披露的定期报告中的实际持仓量进行判断。

理财经理在向普通投资者介绍定增产品时，可以通过通俗易懂的话解释，比如，“定增这个世界一直是富豪的游戏，小散们根本参与不了，但是通过金融产品，普通投资者最低只需要 100 元，就能享受到和富豪一样的 VIP 待遇。好比你只花了坐地铁的钱，其实享受到的是坐飞机的服务。”

解释“定增”打折购买股票时，也可以举个例子，“假如原价五万元的手表，打六折卖给你，原价三万元的包包，打五折卖给你，品质还是同样的品质，价格却便宜了这么多，你买不买呢?”

六、2016 年黄金期货在上升途中回撤，是入场的好时机

对门老李

黄金期货在 2016 年持续冲高并伴有市场短期回撤，每次调整很多专业的投资人在讨论在该位整数关口是否要长期震荡盘整。从黄金长期配置的角度来看，建议尚无黄金或者轻仓的投资人，可以在当前价位配置黄金资产，而非关注短期价格起落。

理由一：黄金在当下是最好的保值工具。

黄金未必在所有周期内都保值，但是在经济滞涨、弱周期中，往往具有很强的保值能力。纵观当下投资环境，股市仍然在箱体整理中蓄势，但市场人气恢复并非短期能够一蹴而就。在实体经济复苏之前，中短期机会并不明显。债券市场在违约爆发的环境中，难有稳定表现，因此投资债券并非像之前那样踏实。

信托、理财等产品收益率不断下行。根据最新数据，2016 年 1 月集合信托平均收益 7.82%，2 月 7.79%，3 月 7.23%，4 月 6.79%。人民币贬值风险犹在，通胀的苗头开始显现。

黄金在当下作为避险资产有很强的保值属性，因此建议投资人不要关注短期黄金价格，以配置为主。

理由二：货币宽松的背景下黄金存在诸多机会。

当前多数国家执行宽松的货币政策，甚至有国家施行负利率，在很大程度上都会推动黄金价格的进一步上扬。

虽然美联储仍然存在较大的加息可能，但是可以预见的是，很可能下次加息只会在黄金上涨之路上留下一个短期的回撤，而加息之后将进一步打开上行空间。

理由三：中国因素将更大影响黄金市场。

从中国银行参与“伦敦金”定价到“上海金”横空出世，中国在黄金市场中的话语权越来越大。中国是唯一黄金产业链健全的国家，从上游的开采精炼、生产加工，到下游的黄金消费贸易，以及交易功能，都支撑我国对黄金的影响。

需要说明的是，我国央行也是从 2015 年年中开始，每月不断增加黄金储备的国家，也是提出“藏金于民”的国家。我们相信，有了中国这个庞大的市场影响，对引导黄金价格上涨，是一个重要的利多因素。

在短期，黄金可能受到短期获利盘抛压，以及美国政策的预期在 1270 美元附近或有反复，但是对长期配置的一般投资人而言，黄金是一项宜早不宜迟配置的资产，毕竟黄金当前价格相对2011年1920美元/盎司，仍然处于相对底部的位置。

从降低交易成本的角度，目前多家财富机构推出了纸黄金、黄金基金、黄金积存、黄金TD（黄金延期交收业务）等多项业务，可以满足投资人多元化需求。

第九章　逻辑思维——高度决定视野

一、牛市卖基金，绝不只是卖基金

红脸君

牛市之下，是否会存在理财产品覆盖率下降的情况？是否会存在基金产品覆盖率下降的情况？前者下降不难理解，后者下降的情况也确实在很多零售机构出现。

理财产品在牛市中受到权益类产品的影响是大概率事件，然而，基金产品的覆盖率下降是很难理解的，为什么？原因有很多，通过走访，汇总了这样几种情况。

（1）“高处不胜寒”，认为股市高位，希望回调再推荐；

（2）“解套离场型”，获利赎回或者解套离场；

（3）“身在此山中”，在意识上尚未认识到牛市稍纵即逝，并未转化为生产力；

（4）“担心存款型”，这主要出现在银行机构。

近一年来，几个基金业务条线压力比较大，一方面来自高层基于牛市对零售工作给予更多的期望；另一方面受互联网金融影响比较大。但是，居民财富再配置是大势所趋，如果不拥抱趋势，仅仅防御为主，往往事倍功半。

在这种趋势下，越早对客户进行全面的客户关系管理，越是对客户负责，也是为发展个人金融业务负责。

当前牛市中，基金类产品相对容易销售，利用基金产品的超额收益，打通其他综合类的配置，建立客户稳定的心态非常重要。

总而言之：

牛市卖基金，并不只是卖基金；

牛市卖基金，是提高客户管理能力的重要一环；

牛市卖基金，是培养客户长期投资习惯的契机；

牛市卖基金，可对客户资产配置进行摸底检视；

牛市卖基金，是巩固客户关系，做好服务的载体；

牛市卖基金，可激活沉睡客群，筛选中高端客户。

牛市给权益类产品带来了销售机遇，更是在互联网、大类资产配置背景下，强化客户关系管理，告别粗放式发展模式，锻炼队伍的一个绝佳的机会。

牛市中，卖基金，不仅是为了卖基金。

二、针对财富机构零售业务的建议

红脸君

当下对于以震荡为主的A股市场，更需要做好客户的关系管理。销售有道一方面从“术”的角度给理财经理提供弹药，另一方面也给财富管理机构总部提出一些建议，能够做好牛市背景下的客户关系管理。一般来说客户关系管理链条如下：客户开拓—建立信任—需求挖掘—产品推荐—服务反馈。

从工作开展的主体角度，我们可以把金融销售机构划分为规划制定者与产品销售者。在牛市中，两个行为主体发挥的作用各不相同。

在规划制定者层面有几个方面需要做以下充分准备。

1. 提供对于市场分析的智力支持

在市场上涨阶段，一线销售人员容易出现普通投资人的“恐惧与贪婪”情况，适时给销售人员树立信心，通过任务安排，引导多元化配置，平衡风险与收入的关系非常必要。

牛市中，虽然要加大权益类配置，并非仅一个“卖”字。需要有缜密推理的过程，以及销售人员的认同，工作才可以更好地开展。

过去银行在保险业务的营销过程中，销售人员过分强调销售技巧，而对专业性渗透不够，导致保险销售人员仍然存在较多的销售负面心理。

2. 运用新媒体，强化传播工作，协助销售人员

当前，微信、微博等工具的广泛运用，让信息更快更广地传播。新媒体的特征之一就是，大家可以共同分享内容。因此，利用新媒体的营销策划在牛市中发挥的作用更加明显。

3. 通过大数据甄选有效客户提供服务

金融机构有各种各样的客户结算数据，通过大数据可以挖掘很多精准的客户信息。

比如，根据资金流转，挖掘打新股的客户群体，推荐与之相匹配的理财产品。通过房贷数据还款情况，为还款人找寻匹配的各类融资性产品。通过客户购买基金历史资料，挖掘老客户。

在牛市中，产品销售者因为直接面对客户，需要准备的工作更加繁杂：

(1) 通过牛市赚钱效应，反复影响投资人，加大投资人权益投资比重。

(2) 强化销售技巧培训，提高营销效率，对客户进行族群的高效维护。

(3) 收集客户的主客观资料，全方位了解客户需求。

这里需要指出的是，客户的主观性资料往往具有很强的指导意义。比如招行某理财经理曾经谈道，“家庭观念”是影响老人理财的重要维度。有的老人认为，对孩子要大包大揽，则投资会非常谨慎；有的老人认为“儿孙自有儿孙福”，则对于财富传承的风险偏激进。

(4) 对盈利客户资产超配部分有效地进行转化。从激进资产配置向大类资产均衡配置转变，强调用户思维。

(5) 逐步树立真正的财富管理理念，从短期收入向客户资产管理转变。熊市中，进行权益类配置非常困难，牛市给理财经理提供了很好的切入点。这个切入点更容易绑定客户背后大面积资产，综合理财服务理念不断灌输客户，而不能走“股神”的路子。

（6）做好推荐产品的综合维护，将客户满意度引导为持续销售的动力。

（7）用好牛市中客户升级利器，提高客户质量。

（8）做好牛市中的增值服务，立足主业，提高客户体验及社会美誉度。

总之，市场上行给零售业务带来了加速度，如何顺势而为，是规划者和销售者的共同问题。

三、金融产品营销如何做到“深入浅出”

对门老李

在互联网串联起来的创意时代，营销环境也出现了多元化。昨天 papi 酱（网络红人）微信的广告从 21 万元起拍，3 秒钟之后站上 1000 万元，最后很快以 2200 万元落槌。

在世人投来羡慕眼光的同时，老李也在想，2200 万元拍下 papi 酱广告的一定不会是金融企业。换句话说，如果是金融企业拍下这样的广告，你也该想想这个企业的可信度了。

为何不会是金融企业？papi 酱是原创搞笑视频博主。很多年轻人看完了她制作的视频觉得很认同、很放松，听完了笑话消费者可以随后下单买一份产品，比如是化妆品，比如是零食，甚至是作者推荐的服饰，但是听众不可能听完个笑话觉得很感动买了一份基金。因为，金融产品对客户来说是“伤筋动骨”的大事情，也是一个严谨的事情。我们套用欢乐喜剧人的广告语：理财，我们是认真的。

理财产品的销售，是一个从专业化衍生出的“去专业化”过程。理财产品多数有这样几个特性：专业化、虚拟化、风险比、流动性、期限性。涉及这些复杂问题时，如何从专业过渡到大众更容易接受，则是金融产品的深入浅出。下面我们探讨如何借鉴传统行业营销在金融行业中的应用。

1. 首先需要让客户直观的感觉到产品的直接优势

有个家电的广告，“美的空调，每晚低至一度电”。这个广告非常直观地告诉我们，省电功能直达客户痛点。同样在金融产品中，也可以分析出这样的卖点。

例如，很多投资人都害怕股票型基金的风险，这是最大的痛点。如果我们告诉客户：有个产品，投资股市，但拿着超过20个月不但没赔过，还大赚不少。一定会引起投资人的兴趣。

这时候可以引导客户基金定投。在有基金以来，从高点定投20个月以上都不曾赔钱的案例，更容易说服客户。

2. 嫁接客户已有认知，比建立新认知更容易

有个恶俗的广告很成功：“今年过节不收礼，收礼只收脑白金。”这个广告语后来被人们所认同后，在产品创意上，后续团队又搞出了“送长辈，黄金酒”。第二则广告在客户原有的认知上升级，很快被客户再次接受，产品大卖。

在金融产品上，创新虽然很多，但是很多广告语或者传播方式也不容客观。比如前一段时间关于保本基金的网上传播宣传很新颖。

（1）整场麻将局2小时，到点算账；

（2）假设你带了100万元本金来，在这2小时内赚到了12万元，那么麻将局将提前结束，你拿钱走人；

（3）2小时打完之后，如果你输了钱，请你打麻将的人包赔，保证你足额拿回所有本金；

（4）如果你在麻将局结束前退场，或者麻将局开始之后才加入，则不会保本。

保险业也经常说：孩子和车谁重要？大家说：当然是孩子重要！别逗了！请说真话！车一买回来马上就买保险，你家孩子从出生到现在有保险了吗？都是基于传统认知的传递。

3. 善于营造销售氛围，群体的力量更容易解释晦涩的产品

金融产品是社会生活的必需品之一，而单一的金融产品绝对不是。所以经常有客户逃避对一款很难理解的产品，而这时，借势客群的营销氛围更有利于营销，就像这个广告：

“香飘飘，一年卖出3亿多杯，杯子连起来可以绕地球一圈。”虽然老李尝试之后实在没觉得咋样，但是，毕竟这个广告让我尝试了。

在金融营销中，小型的客户沙龙、产品说明会，都是能够起到这样的群众效果的。

4. 任何产品都有独特的卖点，投资者只能记住最重要的特点

不要担心产品同质化，担心就担心没有在同质的产品上找到差异化，同质化不是借口。写到这里，老李突然很生气，因为总有人跟我讲“同质化，不好卖”，说这些话的人，只能说不够用心！洗衣粉，都是为了洗干净，那才是同质化，有的商家却能找到不同的卖点。比如立白洗衣液最大的特点是什么？——不伤手。为什么宣传不伤手？因为去污渍，已经被汰渍洗衣液用了。但是，不同的宣传点同样可以促进销售。

同样是股票基金，基金公司实力不同、基金经理不同、发行时点不同、历史业绩不同……都是差异，怎么可以说无差异呢？同样都是实物黄金，可以是费率不同、成色不同、工艺不同、寓意不同，最不济还有提供的服务不同。作为销售者，只有突出产品的特点，才能被投资者记住。

5. 产品转化为商品，需要建立应用场景，金融产品绝不例外

不同的应用场景有不同的应用理由，在产品营销的时候，需要构筑这样一个时态。例如，如果现在说“怕上火”，可能你就会说“喝加多宝”，“钻石恒久远，一颗永流传”容易激发女性对于爱情的期盼，这也是场景。

在金融产品投资上，大家期望得到的都是收益，那么在合规、适用的原则下，激发客户的场景，则是营销的逻辑。例如在保险营销上，经常会带入一些危机的场景，给客户提示保险的重要。

其实，人们购买金融产品，出发点大多来自两个层次：一个是压力，另一个是动力。如何展示压力，促成动力，是营销的过程。

不过有句话还是要说到位，销售量建立在产品资深，不会欺骗客户，理财经理自身认同产品的基础上。金融产品销售是一个深入浅出的工作，专业是第一位的，但是“酒香也怕巷子深”。老话：要两手抓，两手都要硬。

四、理财经理要将产品优势完全呈现给客户

对门老李

在理财经理的理财产品推荐中，部分初级的人员经常出现一股脑地把产品卖点都呈现给客户的情况。这样很容易让客户出现审美疲劳。卖点有点像礼物的包装，一张一张呈现才是极好的。

在营销各类理财产品的时候，我们都会总结各种各样的卖点。这些卖点既有产品本身的特点，又有物理上的卖点或者增值服务的卖点。相信客户经理在营销产品的时候，会总结各种各样的产品优势，但是，怎样把这些优势简洁有效地呈现给投资人呢？

银行初期营销基金或是券商营销产品时，对内部有减免手续费的政策。如果不是以免费作为最大宣传点来推广，那么免费这样的字眼不建议上来就告诉客户。原因有三：

其一，我们营销的是金融产品，金融产品中的基金产品很大的特性在于回报的不确定性，而手续费或提供相关服务仅仅是基于产品的附加值。我们应该把产品增值作为推广的第一要义，而不是附加值的东西，不能本末倒置。

其二，免费在消费者心理中往往有“不好”的心理暗示，如果轻易把免费拿出来，不利于你所要推广的产品形象。

其三，在赠送免费的同时一定要注意两点：第一，这个免费不是适用于所有人的；第二，免费是有时效的，不是任何时候都具有的。

我们看一个案例：

某银行理财经理正在销售定期定额投资：“先生，定期定额非常适合像您这样有稳定收入，有责任心的家长。就像刚才我给您举的例子一样，您想一想，当十年以后，您给小孩做定投每月投资的五百，在当前股市的可参考收益率下，将变成52万，届时不是轻松可以让小孩选择一个好大学去深造吗？您真的不妨往这方面多做做规划，回去认真想一想。不过截至到这个星期结束之前，这几只基金有个手续费率上的六折优惠，如果这几天做的话，这十年都是这个折扣，您可要抓紧时间做决定。也是因为您是我们行的老储户，一般人我就不和他说这么多了。

在上述案例中，理财经理分两步介绍了定投产品，这是一种较为正确的逻辑。而在我们现实的营销过程中，很多年轻的理财经理把握不好递进的优势呈现，喜欢一股脑地把产品的卖点全都主动告诉客户，这是不正确的。

有的理财经理一上来就告诉客户，我们行里这个产品在打折，而且还赠送U盾，如果跟领导请示还有可能赠送电饭煲。等到每年年终答谢客户的时候，我们还可以邀请你来参加我们的投策会及抽奖。而对于客户来讲，肯定这些东西一开始是惊喜，但你说多了，他就会认为是一种习惯。你说送他个微波炉，他可能还要问你是不是能再给一套专业的微波餐具。客户的这种心态不是缺点，是弱点。这种弱点，让这样的理财经理把人惯坏了，最后理财经理还埋怨客户太贪心。

老李说个不恰当的比喻，对于客户就像赶牛，牛不走了再去赶，不要上来就不停地赶，这样你自己都会累的。

这方面，建议银行理财经理学习一下卖化妆品的销售员，当你决定买化妆品了，如果你问她还有什么赠品，她会告诉你，但如果你不问她，就基本上不会有什么赠品。客户向你要，你满足他，他的满足感是非常高的。

五、经营优质存量客户的五个小方法

对门老李

根据估算，开发一个新客户的成本是维护一个老客户成本的三倍。部分金融机构对于存量客户的维护和新增客户的开发，存在精力分配上的困惑。根据自身情况进行工作重心分配，是重要的一项工作。例如：对于传统银行，客户的深度挖掘是工作重心所在；对于新设机构，立足于客户新增；而类似邮储等银行，则需要更多的配置产品。

对于存量客户的销售，可以从以下几个方面着手：

（1）优质客户的服务升级。例如代发工资客户可进行卡片升级，重点理财产品推介。

（2）多维的影响客户方式。例如，利用互联网手段，收集客户的微信、QQ 进行收集，通过朋友圈等新媒体的影响力，加强对客户的渗透。鼓励客户下载手机银行等工具，提高营销效率。

（3）进行数据库营销。精准锁定客户，比如通过资金流向可以锁定一些“打新股”客户，匹配权益类基金产品等。根据客户现金流的测算，关注成长型客户。

（4）交叉销售，进行多产品匹配。销售有道一直提醒理财经理，借牛市契机，对客户进行全方位的资产配置。

（5）增加存量客户活动，引导客户转介。

六、如何在存量客户中挖潜创业绩

太阳花

在当前股市行情不好，客户信心不足的情况下，如何将资产配置理念传导给客户？如何从存量客户中挖潜创业绩？如何将零售业务批发做到提高效率？近期我们在基层网点开展了N场精确集中营销活动，收到比较好的效果。

实践总结

1. 确定活动主题

有一次活动的主题是“快乐生活，理财起步”。整个活动的氛围定调相对轻松，现场特意用彩色气球进行了装饰，并摆放了一些时令水果，营造出比较温馨的氛围。

2. 确定目标客户并进行筛选

主要筛选1万~15万名客户，因为这批客户在当前各银行开展的活动和维护中很少被关注。在筛选中按客户月交易量进行A、B、C三个等级分类。

一般每场先导出1000个客户信息，分派到每个员工进行查询确认，确保有详细地址和手机号的。第一轮筛选下来一般只剩下符合标准的300~400个。

3. 第一轮邀约客户

在上班第一时间给客户群发短信告知我们要搞这样一场活动，并告知当天十点钟后会有理财经理与其联系。然后要求员工用单位固定电话与客户确认是否已收到短信，是否对参加活动有兴趣，什么时候参加方便，邀请函收件地址确认等。随后工作人员将这些信息一一记录建档，便于不同时间举办活动时邀请不同的客户。大部分客户接到电话都有被重视和关注的兴奋感。电话邀约成功率在70%左右，30%不成功的原因主要有：客户手机号更改了；客户以为诈骗电话；无人接或直接挂掉。

电话邀约结束后，工作人员会将结果进行分类，对感兴趣的客户会第二轮发短信，告知会给其发邀请函。

4. 活动准备

活动的准备工作包括礼品、投影、主持人、主讲人、确定答疑专家团队等。我们通过活动和实战演练，在每个网点均培养几组主持人和主讲人队伍。银行员工主讲更接地气并容易获得信任感。当然礼品不是每人都有，只给现场成交和签意向客户，并进行分类。礼品小而实惠，但包装要用心。

5. 活动后的跟踪和联络

一是我们发现这批客户对理财知识学习的渴望，有助于拉近银行和客户间的距离。

二是客户的风险承受能力超出我们想象，基金定投比较容易接受，配置风险理念开始树立。

三是树立银行口碑，获客认同作实基础数。

四是客带客的宣传效果。对我们自身而言培养了一支会打仗、能打仗、善打仗的理财经理队伍。

零售业务批发做的高效模式推广。由此及彼，活动创新不断升级，用专业获客，改变以往以礼物、收益率比拼抢客的方式。

本期四个网点电话邀约沟通成效让我们惊喜，成功率高（邮寄数量高），这至少说明两点：网点全员重视电话质量并提升技能；此银行在本地区的服务口碑及陌生客户给予的信任度高，这是大家以往工作成效的最好检验。

评述

该行活动的组织有三个印象：

(1) 主题明晰，存量挖潜；

（2）邀约到位，准备充分；

（3）成绩斐然，锻炼新人。

举办客户活动的目的不单是和客户“你好，我好，大家好”，而是帮助客户解决问题、配置产品。而为了实现这个目标，则需要做大量的工作。一次成功的客户活动，能够留下好的口碑，客户数量可以像滚雪球一样增加，而一次草草收场的活动，会在客户心里留下不好的印象，形成恶性循环。

所以说，活动成本很高（人力成本、时间成本），要么不搞，要搞就要留下印象的精品。

第十章　他山之石——营销参考技巧

一、他凭什么成为史上最伟大的销售员

对门老李

说到世界上最伟大的销售人员，大家一定会想到乔·吉拉德。销售人员的成功与否的标准非常简单，销售量说明一切问题，而乔·吉拉德在十二年中，创造每天销售一辆汽车的纪录，曾经在很长的一段时间没有人打破。那么，他是如何做到的？作者整理了乔·吉拉德的成功精华，与销售者共同拾慧大师成功路上的细节元素。

成功者或多或少都会有些偏执，乔·吉拉德也不例外。比如他逢人就发名片，甚至漫天倾撒名片的行为，让很多人不解。

成功者往往需有一个激发潜能的过程，基本是退无可退之时，打通了任督二脉，浴火重生。乔·吉拉德就是这样一个典型的例子。他生于贫穷，长于苦难，先天口吃，35 岁走投无路才从事汽车推销员的工作。

这样一个先天没有推销工作优势的人，在从业中有哪些方法。

1. 除了赞美外，从不在产品上有浮夸之词

乔·吉拉德在产品说明上，从来都是有一说一，有二说二。他认为如果把产品能够如实说明，那么未来当客户遇到相应问题的时候，因已经有了相应的预期，不会失望，更容易记起他的诚实。

2. 为所有的客户建立档案，不断提醒客户

他每月要寄送出 2.6 万张信函，包括贺卡、祝福、明信片、产品说明书等。明确记录客户的各种需求，甚至是客户两年后大学毕业可能会有的购车需求。后来有人发问，现在社会进入到信息社会，是不是改发电子邮件。对此，乔·吉拉德是否认的，他认为邮函传递的不是真正的信息，而

是传递爱。想想，现在一封电子邮件很难打动客户，而一封手写的信件却很有可能让客户感兴趣。

3. 坚持建立强大自信，不断学习优秀品质

短暂的自信并不值得炫耀，长期的自信源于自身的不断进步和成绩的激励。乔·吉拉德在衣服上经常佩戴一个金色的“1”字，很多人询问是否要立志做 No. 1。他的回答是否定的，他真正意思是每个人都是独一无二的。他经常对自己说，“我是我生命中最伟大的”，以此来不断激励自己。

4. 让客户寻找客户的猎犬计划

乔·吉拉德为那些给他介绍客户的人提供回馈，使用不同办法不断调动介绍者的积极性，并把这些做法称为“猎犬计划”。虽然客户有时候帮助他不是为了拿到利益，然而，这样的回馈无意中增加了客户为他介绍其他客户的动力。他有1/3 的客户来自这部分客户的贡献。

5. 让客户感受到产品的味道

产品要想方设法让客户尝试，对于汽车而言，可以是试乘试驾。对于其他产品，哪怕是无关痛痒的小尝试，也争取让客户实现体验，让客户熟悉产品的性能。

6. 通过细节加深客户对产品的印象

乔·吉拉德的名片是绿色的，和美元的颜色相近，让别人将他和财富联想到一起。包括他在足球场看台上成箱地撒名片，也是追求这样的效果。他的理念是，让客户有需求的时候第一时间想到他。

7. 真正的销售始于成交之后

汽车看似不是一个短期能够购买的商品，但是乔·吉拉德硬是通过后续的服务把客户汽车的迭代和客户背后的客户不断地容纳在自己的客群当中。正如那句名言，售前千百次的奉承，不如售后的贴心服务。

从乔·吉拉德的身上，我们可以看到，因为他没有忘记客户，所以客户没有忘记他。

二、春节联欢晚会折射出的销售启示

对门老李

自1983年中央电视台举办春节联欢晚会以来，春晚已经成为千家万户必不可少的春节娱乐活动。然而猴年春晚却是被吐槽较多的一届春晚。有网友抱怨，看完了今年春晚，一定要向以前被诟病的春晚道歉。

为什么春晚制作水准高，技术先进，资源丰富，而被诟病的东西越多呢？我们总结了一下相关的原因，并且在我们的销售过程中可以借鉴。

1. 面面俱到的春晚不适合当今人群

优秀的创作往往都是做减法，而春晚的定义总是想满足所有人的口味。众口难调，这是一个 impossible mission（不可能完成的任务）。既要强调流行趋势，又要同时照顾多个观看族群，比如导演硬生生地把 TFboys（一个青年偶像团体）和喜洋洋灰太狼放在一起，违和感倍增，因为这本来就是青少年和儿童两个族群所喜爱的不同范畴。

启示：在销售产品的时候，不要期望面面俱到，一次性把客户的资产都配置全了。很多刚入行的理财经理总是希望客户问他："你看我有100万怎么配置合适?"然后他可以用金融理财经理（CFP）课程所学，为客户进行综合理财规划。然而在实际操作上，客户的突破点往往是，某个产品实现、超越客户预期，客户对其建立信任，并逐步进行配置。因此，选择一个产品为客户提供精准营销，才是搞定客户的突破口。

在平常的客户交流会上，不要把所有产品都灌输给客户，如果一次能够让客户接受一个观念或者一个产品，这就足够了，后续的产品推荐是来自服务的。

2. 话术是建立在逻辑之上的

春晚最受欢迎的节目，莫过于小品等语言类节目。然而，近年来，春晚上的小品节目实在是不如原来的质量，不好看了。记得原来看春节联欢晚会时，等到赵本山一出来，所有人立刻停止手上的事，专心地看他的小品。他也确实奉献了例如《相亲》《小崔说事》等脍炙人口的优秀作品。而今天，能够拿得出手的好作品并不多，特别是今年春晚，某些小品演员完全靠网络流行语进行堆砌，让人感觉有些强颜欢笑。仅仅是堆砌语言，没有合理的结构和逻辑，所以观众反响很差。

启示：销售话术的形成，并非简单的提示购买，而是要根据客户的"痒点、痛点、兴奋点"来设计。比如，"您今天做定投吧!"与"今天您做定投了吗?"语言表达意思几乎一样，但是对于客户的感受并不相同。第一种是产品的推荐，客户会有本能的拒绝；第二种是疑问，能够引导不了解定投的客户产生兴趣——什么是定投，从而获得详细推介的机会，这是环环相扣的逻辑。

客户营销话术，往往有很多关键点能够引导过程朝着自己期望的方向发展，理财话术与小品剧本一样，都是需要认真设计的。小品的设计是编剧，理财话术的设计往往是销售经验丰富的产品经理。多说一句，仅会逗贫的小品演员和理财经理一定不会让客户喜欢的。

3. 管理好客户预期才能超预期

本届春晚传统的节目很多，这些内容放在春晚本身没有问题。但是如果当很多观众对此缺少预期，而这类内容又较以往多了很多的时候，自然会有一些网友不满。其实，做好预期管理并不难，一方面，导演组可以在春晚的预告中，给观众多一些提示，提前做好准备；另一方面，编剧可以减少传统节目，接地气，让观众平滑地接受。

启示：在销售产品的过程中，做好客户的预期管理非常重要，这不仅是监管的要求，而且更符合与客户关系的"可持续"发展。比如，在销售基金产品时，提前告诉客户，"虽然，近十年基金年化收益在15%左右，但是今后发展需要有一个长期的心态"。这种说法，要比"过去一年有的基金最高挣了150%"的说法更有效果。金融产品销售，给客户创造合理预期，才不会竭泽而渔。

猴年春晚，影响最大的还有微信和淘宝的“摇一摇”红包和“咻一咻”功能。这边拼命摇着，那边怎么可能用心看电视呢？销售的时候也是一样，要想办法让客户聚焦一个点上。举个例子，在进行贵金属讲座的时候，不要同时在一个大厅里销售贵金属产品，统一讲座，统一购买，不然两边效果都不会太好。

三、从6分钟卖了5000万零食的商家那里可以学到什么

对门老李

它6分钟销售额5000万，7小时销售1个亿。创造这个销售奇迹的就是三只松鼠坚果品牌。

其实，三只松鼠作为营销案例已经很久了，本人也一直在观察与研究这个案例，从它快速成长的过程中，还是能总结出一些独门秘籍，供广大理财经理们参考。

介绍它的背景关键词：芜湖、电商、五人、草根、品牌。

草根五人的创业团队，从2012年开始，在安徽芜湖做电商，依托天猫平台成就了“三只松鼠”品牌，从零做到10亿元销售额。他们如何做的呢？

1. 品牌认知度高

据调查，90%的消费者，第一次购买便能够记住三只松鼠的品牌。“松鼠”的形象和坚果又有着天然的密不可分的联系，可爱的卡通形象又提升了亲和力。

借鉴之处：

理财经理是大众理财的服务者，建立个人品牌是理财信任的最高境界。常言道：“三流的销售者卖产品，二流的卖平台，一流的卖自己品牌。”因此，塑造个人品牌，在理财领域中特别重要。

2. 服务差异化

电商千千万，为何三只松鼠能够脱颖而出呢？服务差异化功不可没。例如，当我们在电商交易中互相称“亲”的时候，三只松鼠永远叫客户“主人”。当客户购买产品后，我们为客户能收到商家提示短信“尊敬的顾客……”而满意时，三只松鼠发送的短信是这样的：“主人，松鼠已经把您订购的鼠小箱火急火燎地送出来了。”这样拟人化贴心的服务，拉近了顾客与商家的距离。

借鉴之处：

服务的差异化才能够在理财的蓝海中胜出，特别是在无风险利率下降的时候，固定收益的产品差异能有多大？多数客户购买产品，对年化2.6%和2.8%并不会那么在意，而这个时候，商家往往只能以服务取胜。比如，有没有在计息日提醒，有没有在产品到期前说明。

3. 专注零食，有核心产品

三只松鼠专注零食，立足坚果、干果市场，填补该领域的品牌空白。与此同时，他们有自己的核心产品，能够在国内建立该产品的绝对优势。

借鉴之处：

核桃、开心果等坚果，很多商家都在销售，松鼠也有覆盖，但是，用碧根果直击袋装坚果市场的做法，似乎是松鼠绝对的领先。在理财领域也是如此，建议理财经理“一专多能”，自己在某个产品上是专家，同时也是其他产品的杂家。

4. 擅长与客户互动

松鼠经常在给客户服务之后，主动要求客户，“主人记得表扬一下松鼠，么么哒”。这个时候，给客户一种卖萌的感觉，逗得客户特别满足。

借鉴之处：

这种做法属于销售技巧范畴，适当的时候让客户帮助自己做一些举手之劳的事情，然后马上表示感谢，有利于加强与客户的互动。

5. 给客户创造超预期

购买三只松鼠的产品，除了价格之外，还有让客户感到最为满意的是，真正地想客户所想。比如造型奇特的开箱器（多少快递很难以打开，为轻而易举打开快件而设计），吃饭前擦手的湿巾，吃完饭后装垃圾的袋子……商家无不想到了客户前面，想到了客户所需（与海底捞有相似之处）。

借鉴之处：

站在客户的角度进行换位思考，是高品质销售的重要标志。理财客户都是在拿真金白银做投资，站在客户角度去配置资产，把客户需要考虑的问题都考虑进去，客户肯定更愿意选择你。

当然，三只松鼠也还有很多问题，比如过分依赖天猫、成长性等问题。但是，无论怎样，三只松鼠确实有很多他山之石值得我们金融服务者借鉴。

四、李晨牵手范冰冰要五步，理财经理签约客户也是五步

兜兜转

李晨追求范冰冰用了五步。

第一步：李晨出演《武媚娘传奇》，饰演媚娘初恋，擦出爱情火花。

第二步：李晨参加《奔跑吧！兄弟》节目，成功晋级一线明星，与范冰冰减小差距。

第三步：微博隔空喊话，释放爱意。比如北京下了冬天的第一场雪，李晨在微博发文："下雪了，下雪了，如果我们不打伞，一直走下去，是不是就可以一路到白头……"不久后，范冰冰写道"爱一个人很简单，是晚安之后还想说晚安。北京今夜下雪了"。

第四步：见家长。李晨姥姥来剧组，范冰冰卸妆合影。也有传闻今年年初，李晨陪范冰冰回家乡见家长。

第五步：默契应对配合。在过去一年的数次场合被问及晨冰恋，双方

心有默契，既能够吊起“狗仔队”诉求，又能够在其中游刃面对。《天使的城》发布会，李晨称自己被黑；2 月 2 日被爆求婚成功，等等。

其实牵手客户，远没有晨冰恋这么困难，仔细想想，也是五步。

第一步：找到客户核心诉求。晨冰恋核心诉求就是，男大当婚，女大当嫁。1978 年出生的李晨 37 岁，1981 年出生的范冰冰 34 岁，这个年龄谈婚论嫁还合适，再晚几年，就真的晚了。面对客户也一样，要找到客户的诉求，比如理财客户，重在保值还是增值，防御还是进攻，再去套用各种资产配置理论。

第二步：提升自己才能自信。李晨认识范冰冰十几年，为什么现在才抱得“什么都不缺”的范爷？感谢《十兵突击》《奔跑吧！兄弟》提升了李晨的身价，双方才能对等，不然，就算在一起，也难免出现各种不负责言论。成交客户也是如此，总想和客户做朋友，不是那么简单。需要在某些地方展示自己的优势，才能得到客户的认可。

第三步：让客户积极互动。不得不说李晨的隔空微博互动做得很好，与客户交流也要经常互动。“七夕”范冰冰让大家到电影院看新片，李晨马上回应：我带谁？范冰冰提到北京的第一场雪，李晨马上写道：在雪中一起白头。久而久之，日久生情。做客户亦是如此，同出一辙。

第四步：适时要求成交。结束爱情长跑的最好方法就是地下转为地上，“从生米煮成熟饭”。在热恋过后，2 月 2 日李晨求婚范冰冰，其后为结婚铺垫。其实，这就是让客户签单的方法。不要总是介绍产品，关键的话一定要说，适当的时机帮客户坚定购买信心。

第五步：善于借助外部力量。所谓天时、地利、人和是成交的最好外部环境。晨冰恋在媒体、粉丝、名人的效应下，修成正果。同样，在抓取理财客户中，当前牛市环境、财富不断从存款向综合配置转移，还有《销售有道》这样给理财经理支招的工具，兼听则明，更容易使客户按照我们的财务规划进行资产配置。

祝客户资产保值增值，愿有情人终成眷属！

五、销售者可以跟《我是歌手》节目的冠军学什么

对门老李

综艺节目《我是歌手》第二季给作者留下很深的印象。李健没有捧走冠军，但是韩红夺冠也在意料之中，毕竟韩红的音准没的说……直播结束之后，职业习惯地感觉到，这些优秀的歌手确实有好多元素值得销售者借鉴：

1. 唱歌走心，销售用心

作者喜欢李健的原因不仅仅是帅气，坦白讲，李健的帅气可以征服很多女孩但不一定会打动多少男士。只要去聆听李健的歌声，就会喜欢上他的歌，原因很简单，他唱歌是走心的，用心去演绎。

销售者的销售之道亦是如此。真心推荐认同的产品，用心维护客户利益，尽心做好售后服务。还记得那句广告语吗——以心相交，成其久远。

2. 充分准备，全心付出

听完李健的歌，觉得冠军非其莫属，但当韩红出场之后，又觉得韩红得冠预料之中，何哉？你看《天路》的阵势，用一位评论者的语言，那是"打家劫舍地要夺冠，各种中西乐器，叫得上名字的，根本没见过的，一首歌综合了星光大道范儿，神州大舞台范儿，心连心下乡范儿，教职工歌咏比赛范儿，县级晚会范儿，然后改成音乐会的级别，最后一嗓子硬是唱出了盛世感，散发夺冠光芒！"

这种充分准备的气势，让一切困难淹没在氛围之中。试想，销售者做销售，是否也需要充分准备？比如做个基金诊断，不是请过客户来告诉他，哪里不对，改去吧！而是仔细分析账户，研判市场趋势，合理配置建议，寻找适合话术，塑造健诊严谨气氛，多次健诊演练，销售制度配套，做好错误预案等一系列的工作，为的就是把这个项目能够系统做好。这才是金融专业销售、专业服务。

3. 合作伙伴，优势互补

销售协同能做好，是销售境界的提升。这次《我是歌手》第三季，李健＋吴秀波的组合，多少有些遗憾。遗憾何处？这两个都是老李喜欢的公众人物，特别是吴秀波，他演的《北京遇上西雅图》《离婚律师》等影视作品，老李都很喜欢。但是，当李健和他出来，坦白讲，很多观众的目光开始被吴秀波吸引，风格较多的相似性不一定加分。而韩红＋陈奕迅，这个绝对就很互补，性别互补、高度互补、气质互补，他们的表演老李还是很用心听的。

同样，在销售中，也需要协同。比如处理客户投诉，最好是有人红脸，有人白脸；组合营销对公客户，有人擅长拉近人脉，有人擅长专业；经常看着销售带着技术去营销客户，就是这个道理。

成功都有相同之处，总结不是目的，放在场景中应用才是牛人。韩红还有很多可取之处，她身上还有很多值得销售人员学习的特质，比如扬长避短。她有句话说得好，让歌声的美好忘了她长相上的不完美。好励志！另外，韩红的感谢语说得特别好，感谢的人也特别多。同样，好人缘真的在销售中极为重要。销售完，马上感谢更是必要。

中篇

定投篇

第一章　微笑曲线——全面了解定投

一、基金定投最全汇总

红脸君

基金定投，全称为基金定时定额投资。据调研报告称，其在美国已经占到了基金投资的39%，然而在中国却仅占10%不到。

从根源上来讲，是中国人赌性较重，喜欢赚快钱。其实基金定投可是理财的神器之一，集储蓄、保值、升值、流动性于一体，对于欲成为理财达人的你不可不学。

基金定投最大的优点有以下几个：

1. 弱化了入市时机选择的重要性

当股市价格在短期内趋于下降到低谷，最终回升为高位的情况下，收益率会更高于中间涵盖波峰、波谷或者其他等情况，但无论何时选择入市时点，在长期的定投下通过降低单位持仓成本，只要股市最终回归正常价值点或者更高位，之前定投厚积的份额就能为你带来丰厚的回报。

2. 减少投资者狂热风险

现在很多股市投资者，看好哪只股票直接就提起刀杀入，基本都是半仓以上，这对于缺乏投资经验的“小白”来说是相当危险的，即使对于股市老手也是。今年多少认为大盘能突破6000点大关的理财达人们被打脸了？现在又有多少投资人被深深地套在了2750点的旋涡之中呢？基金定投，由于其分批入市，且定额投资的特性，注定不会出现长期高额占用持仓成本的现象，从而大大减少了被深套的风险。

3. 风险波动越大收益反而越高

如果 1 个月从 30 元涨到 60 元，两个月后又跌到了 15 元，之后又涨回 30 元，这一跌一涨，短短 4 个月就实现了收益 12.5% 的增长，也就是说年化 42.4% 的收益。而实际数据中股市的波动更小，实际数据中 2007—2009 年定投的年化收益率为 5.38%，2007—2014 年年化收益率为 9.6%（这里的收益率均不包含货币时间价值）。

4. 工薪族拿月薪为主，适合基金定投

由于工薪阶层每个月拿固定工资，所以能抽出一定比例每月固定去投资，对于“土豪”来，他们即使要做基金定投，也必须拆成一份份的，非常麻烦，但是工薪族没有这样的困扰，比起“土豪”来，他们可以充分利用货币时间价值的优势。

5. 快速调整投资组合

定投由于其分批资金进入的原理，所以基本不会出现全仓操作，如果发现了更好的投资标的，自己可以根据盈亏情况选择继续定投或者退出改投新标，抑或投资人在多年定投中收入增加了，直接增加一项投资标的亦可。

6. 强制储蓄，开源节流

由于每个月自动扣款，能强制让大部分的月光族们留下一笔钱来做理财，正好基金定投最适合的就是用作养老金、子女教育金等长远支出金。

7. 避开人性的弱点

这里说得可能有点大，不过人确实如此，炒股的“小白”们都喜欢追涨杀跌，随波逐流，非常容易对一些股市消息产生过度反应，通常连续几个跌停板就坐不住要抛售了。但如果选择了基金定投的投资方式，那么无论是价格上涨还是下跌，投资人都挺开心的，上涨了更好，下跌了可以买入更多的份额，主动买套，只要成本不断被拉低，等市场回暖后就可以再赚它一笔。

定投是理财大招，但千万不要陷入以下几大误区。

误区一：任何基金都适合定投

基金定投最根本的优势是平摊投资成本，降低风险。但是实现这个优势的前提是，选择的投资品种本身必须是一个高弹性的品种。所以并不是所有类型的基金都适合做定投。比如，货币基金和债券基金，它们的净值曲线几乎是平着向上的，定投根本无法显著降低投资成本，采取定投和一次性投资效果相差甚微，做定投就没有太大的意义。而股票型基金、混合型基金波动较大，长期收益相对较高，定投优势突出。指数型基金也是定投较好的选择品种。从经济发展的长期趋势分析，随着时间的推移，大盘指数总是呈波浪式上升，如果确定长期（如 10～15 年以上）的投资期，选择指数型基金更好。

部分基民会定投 QDII 基金，QDII 基金的表现很大程度上取决于外围资本市场的表现，相较于 A 股市场还存在风险溢价和汇兑风险，所以相较于 A 股权益类基金，它的定投性价比并不是那么高。如果对海外市场不是特别了解，不建议选择 QDII[①] 基金定投。

误区二：市场波动就要停止定投

基金投资是一个长期投资的工具，投资低于 3 年是很可能看不到效果的，如果基金投资能坚持 10 年左右，收益往往非常惊人。

但是，当市场出现暂时下跌时，基金净值往往也会暂时缩水，许多投资者会因恐惧，在下跌时停止定投或者赎回基金。其实，投资者只要坚持基金定投，就有机会在低位买到更多基金份额。长期坚持下来，平均成本自然会降低，从而无惧市场涨跌，最终获得不错的收益。所以，选择定投的最好时机反而应该是在市场震荡加剧的时候。

误区三：定投就是无止境的连续投入

做任何投资都要设立一个止盈或止损线，定投也不例外。如果不顾市场行情，一味投入而不赎回，在熊市很可能将牛市中积累的盈利全部亏掉。一个完整的定投策略，一定要配备相应的赎回机制，在熊市来临前，

---

① ·种境外理财基金。

及时止盈，保住前期牛市的胜利果实。

说得通俗一点，陪你到天荒地老的是你的另一半，而不是定投。会买的是徒弟，会卖的是师傅。定投要“傻傻地买，聪明地卖”，因为从中长期看定投的进入时机并不重要，但是退出时机决定你收益的多少——定投可以陪你长大，你却不必陪她老去。

那么，问题来了，如何“聪明地卖”？解决方案：不是人人都是“股神”“投资大师”，所以很难卖在市场最高点，因此不妨设定一个目标期望值，当收益水平达到这个期望值后，就果断获利了结。

误区四：定投基金赎回只能一次赎清

很多投资者以为赎回时只能将所持有的定投基金部分赎回，其实定投的基金可以一次性全部赎回，也可选择部分赎回，或部分转换。如资金需求的数额小于定投金额，可用多少赎多少，其他份额可继续持有。

投资人可以将原有的基金部分单位转换至其他基金，从而继续以定期定额方式投资。这样做不但可以保留部分原来看好市场的投资部位，转换同一基金公司旗下的其他基金，手续费也较重新申购便宜。

总之，基金定投并非一劳永逸，掌握投资窍门，避免走入误区，才能真正挖掘定投的矿藏，让“时间的玫瑰”得以绽放。

对于基金定投，经常会有投资人疑惑，周投和月投到底哪个好。对于这个问题，首先需要分多种情况来考虑月投和周投的区别，在不同情况下，看看谁的收益率更高。

常见情况有以下几种：

（1）基金净值没有任何变化：无差别。

（2）一直上行：周投买到的份额多，最后收益多。周投优于月投。

（3）一直下行：月投买到的份额多，最后损失大。周投优于月投。

（4）净值震荡：月投既可能买到高点，也可能买到低点。侥幸买到低点，月投收益会大于周投，不幸买到高点，月投可能会亏损。

（1）这种情况没出现过，（2）（3）都是周投收益大、损失小，（4）这种情况是最常见的，大部分情况下收益大于或等于月投，少部分情况收益小于月投。

综上，周投比月投平滑了风险，在很多情况下优于月投。从长期来看，如果时间足够长，真的穿越整个牛熊周期，月投也经历了足够多的期数，那么在收益率上和周投肯定是差不多的。所以，建议是定投周期的选择不要太长，否则经历的期数比较少，风险增加。如果可能的话，一周一次或者每天都投更好，不过不要走极端，为了降低风险，每分每秒都想去定投，那就成了买股票了。

以上仅仅针对理论上，在充分平滑风险，增加收益的可能性上来探讨，周投比月投更优。但是，到底是选择周投还是月投，需要根据各自的实际来选择。例如，你的收入结余不多，并且收入为月收入，当然是选择每月定投了。如果你的收入来源比较广，或者资金量比较大，为了平滑风险，建议还是按周来定投。

二、再议定投的五个要素

红脸君

1. 资产量不大的客户必须配定投

当一个客户的可投资资金只有几十万，如果让客户一次性买多只产品，无论是理财经理还是客户，都会背上很大的心理压力，要知道对于净值波动关注最大的往往是中小客户群体。给小额客户配定投，可以将其资金做有效的流动性配置，树立客户长期的投资理念，更重要的是，小额的定投对客户心理上并不会造成太大的压力。

2. 新手但渴望入市者可以配定投

很多客户对于股市一直处于观望，随着市场利率的不断下调，可投资品种越来越少，股市对于大部分稳健投资者属于既神秘又害怕的地方。定投作为一个初探资本市场的工具，既符合当前投资趋势，又可避免净值涨跌对客户带来的困扰。

3. 前期亏损的客户最好推荐定投

客户经常在高点选择一只好基金被套牢，这使得无论客户还是理财经理对于一些绩优基金可谓又爱又恨，如果这只基金在中长期业绩一直表现优秀，我们可以先鉴定客户的信心，再让客户追加此基金的定投，不断摊薄成本、积累份额。其实，一个优秀的基金经理并不是在牛市跑得比别人快，或者熊市跌得比别人少，而是在大盘出现拐点时，能尽快调整适应。所以，一个好基金经理，他选择的产品就算被套牢了，也肯定可以在下一轮增长中赢利。

4. 定投是很好的投资者教育工具

很多投资者还希望有快进快出、保本保收的产品，但是随着金融市场产品的逐步丰富和进一步国际化的开放，为投资者树立良好持续的投资观念是理财经理的首要目标，定投这种积少成多的投资方式，无论是基金、黄金、存款、保险都是很好的切入点。长期可持续并不只有经济发展，还有客户的投资。

5. 早一步开定投，早一步享财富

不必非要等到股市低点开始做定投，定投请从当下做起，如果您对A股有信心、如果您对政府有信心、如果您对中国有信心，请选择定投的方式来逐步入场。做定投不但可以控制资金的时间成本，还可以尽早享受资本市场发展带来的收益。

三、用工匠精神去寻找定投的止盈点

一班长

定投在抄底过程中可以少犯甚至不犯错误，那么，如何设置定投的止盈点会让定投更加有效？当下，定投不再只是简单的被定义为“傻瓜理财”或者“投资纪律”，我们应该认识到，通过定投去不断探寻市场的底部是一个相对有效的方式。

定投回顾实际案例，2015 年 12 月 23 日以来的定投情况（见下表）。

基金代码	基金名称	1/15 净值	定投				一次性投资			
			投入金额	定投成本	持有份额	盈利	投入金额	开始日净值	持有份额	盈利
000574	宝盈新价值混合	1.29	4200	1.45	2896.90	-14%	4200	1.74	2413.79	-26%
040035	华安逆向策略混合	2.21	4200	2.46	1708.25	-11%	4200	2.75	1526.16	-20%
340006	兴全全球视野股票	1.98	4000	2.06	1938.97	-1%	4000	2.15	1864.80	-7%
163412	兴全轻资产混合（LOF）	2.21	4200	2.47	1701.34	-1	4200	2.82	1490.42	-22%
460005	华泰柏瑞价值增长混合	2.64	3800	2.78	1368.34	-5%	3800	2.90	1308.54	-8%

细心的朋友可能注意到了，从 2015 年 12 月 23 日开始定投，每周定投 300 元，怎么投入金额达到了 4200 元？其实，班长在每次熔断和千股跌停当日，都对所有基金进行 1000 元追加申购，其实这一举动充分表现了班长“总是想抄底，却一直被底抄”的散户心态。不过咱们还可以往好的方向看，当我把在定投第一天一次性买入的数据拿出来一比较，让我不得不更爱定投了。我们看到定投之所以能在单边下跌行情中实现减少亏损，最大的因素在于不断平坦的投资成本（定投的成本就是基金净值），只要它在下跌的行情中，定投这个平滑成本的功能就是绝对有效的，随着时间的累积，投资者最后的成本将无限地接近于真正的底部。

说完寻底，说说如何用定投逃顶。其实用定投逃顶和寻底的逻辑是一致的，定投之所以会赚钱，是因为它在下跌中累积足够份额的同时，将成本无限地接近底部，那反过来定投之所以会亏损的原因是在上涨过程中不断地累积了成本，也就是说，随着市场（基金）的上涨，每次定投都不得不利用更高的成本来拿到相比以前更少的份额。这会发生什么？

首先随机找一只基金（上投摩根民生需求），来举个例子（见下图）：

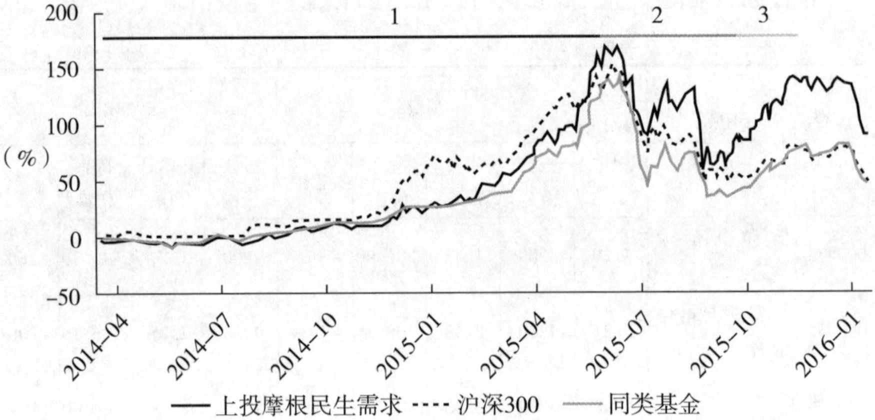

我们且不管这只基金表现如何，可以把这只基金的业绩分为三个阶段，第一阶段，从成立到2015年6月2日最高点，不重要！因为能完全拿过这一阶段又成功逃顶的人，可以不用往下看了。第二阶段，从最高点到2015年10月15日，很重要。第三阶段，从2015年10月15日到2015年11月11日（第二次高点），很重要。

假如，你在2015年6月2日开始每周做一次定投，连续扣款20次，一直到当年10月14日，就是定投账面浮亏的最后一天，也就是说，在2015年10月15日，你的定投账户收益率可以从－1.97%变成＋1.67%。一班长把这天命名为定投临界点，指在定投过程中，定投成本无限接近于微笑曲线最低点的那一天或几天。

定投止盈其实可以分两步，第一步，停止定投；第二步，获利止盈。其实临界点就是止盈点的第一步，如果在达到临界点后的5个交易日，定投收益没有再次打回负，且市场已经出现明显的向上趋势，那么之后每一次定投其实都是在拉高临界点，这时要停止定投。当市场的上涨趋势使得你对之前的定投获得满意的结果时，就应该赎回止盈。反正有足够低成本的筹码，可以任性一点。

假如，你在2015年6月2日开始每周一次定投，第二阶段结束（定投临界点）停止定投，等到第三阶段，2015年11月11日赎回，你会得到16.89%的投资收益。

假如，你在2015年6月2日开始每周一次定投，一直持续到2015年11月11日，你会发现，你的收益仍然是16.89%。也就是说，一旦你找到了定投的“临界点”，而大盘又已经出现了明显的上涨趋势，那么再往后的投入回报效果是递减的。

综上所述，定投不但是一种理财方式，更是一种投资逻辑。

当你把定投逻辑贯彻到你的投资方式中，还是有很多门道可以去把握，比如：永不满仓、越跌越买、注意拐点、适时调整。

供各位读者参考。

四、定投选择基金的秘籍

一班长

对于定投选择基金的问题，作者作了以下汇总，供读者参考。

1. 定投怎样选择基金

台湾某定投老师说：应注重基金的长期业绩，因为定投是长期投资，不能单凭基金1个月、3个月、1年的短期业绩作评定标准。先找出近3年收益排名前100名内的基金，然后再用1年收益排名相比较，选出前50名，再用近6个月的收益排名比较，挑出25名，就从这25名内挑好基金。

班长答：该老师的逻辑定投是长期投资，所以长期的表现必须良好，但是定投赎回又要着眼于当下，所以短期业绩也不能差，班长按照该老师的标准选出了25只基金，不过在此基础上，班长又加了一个标准，就是最近一年没有更换过基金经理，因为班长相信，一个稳定的基金经理更值得长期托付。请见下表。

基金简称	基金代码	基金成立日	投资类型（二级分类）	基金经理	任职天数	3 年收益（%）	1 年收益（%）	6 个月收益（%）
诺安中小盘精选	320011	2010 - 04 - 28	偏股混合型基金	周心鹏	1851	176. 93	73. 08	8. 60
消很安盛精致生活	519113	2009 - 06 - 04	灵活配置型基金	吴勇	1657	169. 12	89. 23	13. 74
银华内霄精选	161810	2009 - 07 - 01	偏股混合型基金	邹职建	1448	185. 52	95. 98	-0. 78
建信转债增强 A	530020	2012 - 05 - 29	混合债券型二级基金	彭云峰	1267	150. 90	80. 63	1. 91
富国高新技术产业	100060	2012 - 06 - 27	偏股混合型基金	王海军	1238	175. 91	82. 53	22. 82
金融行业伏势	210003	2009 - 07 - 01	偏股混合型基金	何晓青，倪超	1209	146. 96	85. 75	5. 70
大成内需增长	090015	2011 - 06 - 14	偏股混合型基金	李博，李本刚	1169	205. 98	83. 19	0. 40
华安行业轮动	040016	2010 - 05 - 11	偏股混合型基金	吴丰树	1128	146. 88	87. 73	9. 29
兴全合润分析	163406	2010 - 04 - 22	偏股混合型基金	谢治宇	1022	275. 56	107. 56	20. 86
银华中小盘精选	180031	2010 - 06 - 20	偏股混合型基金	王华，李晓星	833	209. 85	88. 79	-0. 71
金鹰王题优势	210005	2010 - 12 - 20	偏股混合型基金	陈立	824	149. 29	94. 62	-6. 31
新华中小市值优选	519097	2011 - 01 - 28	偏股混合型基金	赉兴振	684	210. 67	87. 66	6. 52
华泰柏瑞价值增长	460005	2008 - 07 - 16	偏股混合型基金	方纬	452	157. 37	104. 87	22. 30
兴全轻资产	163412	2012 - 04 - 05	偏股混合型基金	谢治宇	344	309. 07	100. 33	16. 69
诚信中证 500 分级	165511	2011 - 02 - 11	被动指数型基金	扬旭	306	181. 47	80. 02	6. 24
交银先进制度	519704	2011 - 06 - 22	偏股混合型基金	任相栋	300	203. 14	82. 99	6. 03
华安动态灵活配置	040015	2009 - 12 - 22	灵活配置型基金	谢振东，蒋璆	260	163. 91	72. 15	7. 20

数据来源：WIND 资讯。

但是话说回来，基金的长期收益是否等于定投收益呢？我们再看一张表（3 年定投排名）。

代码	简称	相关链接	累计净值	近 1 年定投收益	近 2 年定投收益	近 3 年定投收益
1	590008	中邮战略新兴产业混合	5.885	35.27%	94.46%	177.89%
2	460005	华泰柏瑞价值增长混合	3.1553	54.40%	109.96%	138.70%
3	80012	长盛电子信息产业混合	2.64	37.70%	78.10%	134.59%
4	163412	兴全轻资产混合（LOF）	2.681	41.49%	83.42%	131.88%
5	40035	华安逆向策略混合	2.44	41.91%	93.85%	130.44%
6	470009	汇添富民营活力混合	3.364	33.41%	87.44%	129.41%
7	163406	兴全合润分级混合	2.9531	43.41%	87.71%	124.22%
8	630010	华商价值精选混合	2.96	27.14%	78.85%	121.93%
9	519679	银行主题混合	4.405	25.14%	65.73%	120.09%
10	100056	富国低碳环保混合	2.676	33.02%	84.45%	114.15%
11	519983	长信量化先锋混合	2.178	30.49%	78.05%	112.63%
12	180031	银华中小盘混合	3.049	30.91%	75.11%	112.17%
13	762001	国金国鑫发起	1.6619	33.72%	86.94%	109.56%
14	519697	交银优势行业混合	2.607	37.06%	84.15%	107.11%
15	590005	中邮核心主题混合	2.249	23.08%	69.38%	106.84%
16	519700	交银主题优选	1.955	38.84%	94.48%	104.11%
17	163110	申万量化小盘	2.384	31.22%	73.19%	103.22%
18	270025	广发行业领先混合 A	2.328	24.43%	72.48%	102.56%
19	590006	中邮中小盘配置	2.359	24.49%	70.04%	102.26%
20	166011	中欧盛世成长混合（LOF）A	1.244	26.52%	64.25%	100.01%

数据来源：天天基金网。

结合两张表，符合该老师的定投标准的基金，在 3 年期定投排行中前 20 名出现的基金有三只，分别是兴全轻资产、兴全和润和华泰柏瑞价值增长，所以单纯通过长期业绩可能无法选择出好的定投标的。但是如果我们按照长（3 年前 100 名）、中（2 年前 50 名）、短（1 年前 20 名）期的逻辑将定投排行筛选出20只基金（见下表）。

排名	代码	简称	近1年	近2年	近3年
1	590008	中邮战略新兴产业混合	35.27%	94.46%	177.89%
2	460005	华泰柏瑞价值增长混合	54.40%	109.96%	138.70%
3	80012	长盛电子信息产业混合	37.70%	78.10%	134.59%
4	163412	兴全轻资产混合（LOF）	41.49%	83.42%	131.88%
5	40035	华安逆向策略混合	41.91%	93.85%	130.44%
6	470009	汇添富民营活力混合	33.41%	87.44%	129.41%
7	163406	兴全合润分级混合	43.41%	87.71%	124.22%
8	100056	富国低碳环保混合	33.02%	84.45%	114.15%
9	180031	银华中小盘混合	30.91%	75.11%	112.17%
10	762001	国金国鑫发起	33.72%	86.94%	109.56%
11	519697	交银优势行业混合	37.06	84.15%	107.11%
12	519700	交银主题优势	38.84	93.48%	104.11%
13	163110	申万量化小盘	31.22%	73.19%	103.22%
14	90015	大成内需增长混合	32.08%	69.82%	97.57%
15	519113	浦银精致生活	42.88%	74.37%	97.00%
16	160212	国泰估值优势混合（LOF）	41.09%	74.46%	96.28%
17	161810	银华内需精选混合（LOF）	31.08%	71.71%	94.63%
18	519704	交银先进制造混合	33.51%	67.93%	93.88%
19	420005	天弘周期策略混合	37.86%	68.78%	92.57%
20	40015	华安动态灵活配置	33.18%	67.24%	90.45%

数据来源：天天基金网。

从这张表可以看出，3年定投收益排在前面的大概率也在短期和中期的前面，所以定投选基很简单，只需按照3年定投排行榜选择即可。

2. 定投做多久合适？如何做到停利不停投

班长答：这看起来是两个问题，但其实是一个问题。不知何时，定投被国内金融机构拿来当成弱市营销的利器，因为在熊市，客户投几百元并不会太在意，而且坚持下来总会等来牛市。但班长恰恰不这样认为，定投可以随时开始，但是不建议直接给客户一个3年或5年的周期，让客户傻傻地投，而是根据客户的具体情况让其停、加、续。

情况一：当定投开始在低点，且大盘在单边上涨，这时候当我们定投收益达到30%以上时，可以立刻获利止盈，再开始一次新的定投，因为在单边牛市中，定投效率不及一次性投资。

情况二：当定投开始后，大盘立刻急速下跌，这时候我们一定要在短期加大定投频率，由每个月一次加大到每周一次，因为定投的威力来源于在低点积累的份额和逐渐摊薄的成本，遇到急跌行情，可以勇敢地加大投资频率且加大投资金额。

情况三：当定投开始后，大盘不瘟不火，涨涨跌跌，这时候可以加强定投纪律。班长看来，不要设定时间计划，尽量设定获利计划，例如，不要设定3年是一个周期，而是设定年化20%为定投的获利目标。

3. 定投需要做组合吗

在定投这种全天候投资模式中，需要坚持，组合并不会对定投收益起到很大的作用，但是作为理财经理，为客户做定投组合，可以为客户吃个定心丸。因为不同风格或不同主题的基金，会在相同的时间出现不一样的表现，这时候出现短期的风格转换，客户会看到自己定投的基金有涨有跌，比起单只基金或跌或涨，会表现出分散投资的优势。但是长期来看，只要完整的经历过一波市场的轮回，组合最终的收益和单独投一只的收益是差不多的。

综上所述，相比单独投资在股市震荡时可能出现的较大风险，基金定投可以通过多种方式有效分散市场风险。作者通过多年经验，总结出以上秘籍，希望可以帮助理财经理和投资者更好地管理资产。

五、定投组合选几只基金合适

兜兜转

定投的好处已经不言而喻：避免追涨杀跌、克服优柔寡断、摊低投资成本。当“微笑曲线”走出来那一刻，也是定投的收获之时。当然，不要忘记投资盈利时落袋为安。但是在实际操作中，到底定投几只产品最合适？兜兜转今天与各位分享一下自己的投资逻辑。

市场不容易猜测，市场的风格当然也不容易猜测。比如，在过去几年，大盘股和小盘股，风格总是轮动，一旦节奏猜错了，也容易跑输基准。投资不是赌，因此，对冲风险，追求平衡收益是我们的目标。

定投建议分三只产品，涵盖市场的三种风格。

一是成长风格的产品。从长期来看，成长性是长期投资的利器，因此，该风格的产品可以考虑配置。

二是蓝筹指数的产品。基本上蓝筹指数有稳定剂的作用，而且蓝筹股差异不明显，可以从被动指数中选择，规避基金经理更替风险。

三是行业主题的产品。选择部分优势行业主题，当然最好是主动管理型的（毕竟中国主动管理比被动总体表现好），可以拉动收益。

关于比例，建议不同的朋友根据自己的偏好进行分配，作者是“五三二”的分配比例。

六、基金定投常见问题解答

对门老李

1. 股市下跌幅度如此之大，何时才能止跌

答：从2016年年初到现在，大盘跌了800点，股市哀鸿遍野。股市下跌的主要原因是经济不景气、汇率及一些大小非的解禁，但是最近也与银行监管加强，很多私募面临清盘强制减仓有关系。市场确实比较弱！作者以经验判断，跌得狠，总会有底，但是不好判断究竟哪里是底。投资者不妨用定投自救。股市肯定回升，但是低位价位逐步补仓，一定可以缩短这个时间。

2. 你看我定投多少钱合适

答：您这个问题问得专业。我们理财经理在确定定投金额时，要根据您的理财目标、年龄结构、定投周期做规划的。比如您是为了小孩未来出国留学，那么要根据剩余时间来确定；如果您是为了养老，则要根据通胀和退休时间来确定。但是一般来说，我们建议一般工薪定投，定投金额不能太低，否则没有意义。

3. 一般定投做几只基金

答：一般来说，定投需要做个定投组合，我们分为稳健组合、指数组合、激进组合，均是甄选了最优基金公司的拳头产品。您的风险偏好相对保守，可以考虑这个稳健组合。对，基本以混合基金为主，不能做债券，定投还是要选择股票这种波动性大的基金品种。

4. 简单点说，这个定投到底怎么好

答：这么说吧！您能准确知道股市高点和低点吗？不能吧？股神也不能知道。所以，跌的时候慢慢播种，等涨的时候收获，就这么简单。

5. 看大盘这个样，你怎么知道未来要涨

答：涨跌是不断互相转换的。我不确定市场明天涨，但是能确定早晚会涨，可能是半年，也可能是三年，但是，不断在底部收集筹码，等到上涨那一天，收获一定颇丰。您要是非说短期可能会逐步好转的因素，我认为有五个：第一，跌得太急太快，机会是跌出来的；第二，外围股市最近上涨，有利于 A 股上涨；第三，上市公司大股东受不了压力，减持意愿减小，开始自救；第四，我最近明显感觉到“国家队”有动作；第五，A 股估值接近历史底部。您看，2700 点不能说一定是底部，但是，做定投已经很安全了！

第二章 聚沙成塔——播种深耕待秋收

一、有时候我们需要执着地说服客户做定投

一班长

销售有道好像独爱定投，有很多关于定投的文章，特别是在大跌中，很多理财经理问基金亏损了怎么办，我们的回答也很简单，如果这只基金的基金经理水平过得去，基金的主题也跟得上热点，那就加码定投吧。如果客户认可调整是暂时的，那就加大频率，每周定投一次。看似无奈的手段，但通过事实证明，在大家抓不准底部在哪里时，这种方法确实有效。

每当大盘趋势反转，绝大部分机构反应是滞后的，还主推债券、保本基金等低风险产品，除了套在里面的，只有少数客户主动全程抓住了这波反弹。原因很简单，互联网时代信息传递效率惊人，很多人开始逐渐相信对于中国经济下行、人民币贬值预期以及股市又将进入熊市，甚至有声音声称大盘将跌破2000点，但是事实证明，只有市场才是正确的，通过各种技术去寻底往往做不到精准，但是通过定投方式逐渐进入市场去试底才是正确的选择。

现在A股市场将财富重新分配的效率大大提升，以前是好几年重新分配一次，现在一年能分配两次。分配过程是：上涨时股民把钱给更富的人，下跌时股民变成更穷的人。造成这种情况的原因就是上涨时大家总认为股指能飞得更高，下跌时大家总认为股指明天就反弹。除非你有超强的择时选股能力，要么定投这种方式对于普通投资者来说是最有效的。

我们一直认为，理财经理在销售过程中“可以不卖，但是一定要说

到”，其实本人在大盘一直下跌的过程中，一直在跟客户宣导逐渐通过定投的方式去进入市场，“不要怕市场跌，大盘越跌，定投越喜欢，如果像这种极端的下跌方式，就应该加大定投的频率，从1个月1投到1周1投。而且可以适度地加大定投的金额”。客户如果不接受就不要强求，但是话已经说到了，这样我们既没有客户亏损的心理压力，同时也在客户心中种下了一颗种子，一次种不下那就多说几次。在熊市里，大家都卖不掉权益型产品，这种只说不卖的模式也不会有太大的压力。

随后，在大盘上涨时，可以让埋在客户心中的种子发芽成长了。这时候可以把一些数据“假装”成案例给客户讲，比如“您还记得当时跟您说过的定投吧？有个客户股灾高点时开始做定投，做的就是某公司的互联网+基金，我们让他每周定投一次，截止到昨天他已经有6.65%的盈利，但这只基金却跌了28.91%，定投真是个好东西”。这样举例的方法，客户更容易接受，也可以促进客户尽快参与到一个很好的投资方式中。就算之后市场再下跌，我们仍然可以说：“我这边做定投的客户都在逐渐加码，就怕大盘跌得不够深。”通过羊群效应加强客户对理财经理的信任。

有的时候过度的透支预期的营销会让理财经理压力很大，我们都深刻地了解，一只新基金一天能募100亿就有风险了，一只基金募2个月还成立不了的时候，机会就来了，但是因为人自身的贪婪和恐惧影响了自己和客户的判断，所以在正确时刻的“风险/机会提示”配合时机成熟时的（真/假）案例营销，会协助客户可以在正确的时间做出正确的决定。

二、基金公司渠道经理如何说定投

Fred

随着市场出现大幅调整，很多理财经理认同市场寻底，但不敢贸然补仓。于是很多负责任的理财经理开始大力发展定投业务，近期咨询定投相关问题的不少，来自基金公司的Fred在此系统地整理一下，与大家分享。

1. 如何让客户接受定投

（1）在无风险收益、长期下行的大背景下，固收类产品收益率下降，其实会提高客户的潜在风险偏好；

（2）无论是经济还是股市，目前都处于左侧探底、寻底的新常态过程中，不去妄揣底部才是理智的做法，在市场逐步进入超跌的背景下，定投才是明智的选择，其中包括对资产配置需求以及前期套牢想尽早解套的客户；

（3）定投无论市场涨跌都有收获：涨了自然不用说，跌了可引导客户多关注持有份额的加速增长。

提示：理财经理多和客户聊聊目前对实体经济萧条的感受（不同行业但同一感受），结合前期股灾的成因分析，客户会觉得你专业值得信赖。

2. 定投要注意什么

（1）选择主动管理的股票型基金为宜（国内主动长期好于被动）；

（2）谨记定投要止盈不止损的原则；

（3）基金定投一定要定期检视和健诊。

提示：例如目前面临的现状是上证底部不等于创业板底部，创业板指数底部不等于质优个股底部，挑选现阶段适合定投的品种，要根据市场运行阶段的实际情况来决定。建议机构经常性举行基金投资沙龙，来达到分析市场，选择下阶段合适产品以及增加客户黏性的效果。

3. 基金公司可以为您做什么

（1）部分基金公司有定制化定投小礼品以及相关资料；

（2）渠道经理的沙龙讲座支援，可以结合市场阶段以及公司产品的运作情况给客户适合的基金投资建议；

（3）关于定投的一些小工具。

基金定投既是左侧交易策略的最佳选择，更是长期理财资产配置中不可或缺的一环，按原则严格的执行（长期坚持，止盈不止损，定期检视），是赢利的前提和保障，对于理财经理来说，也是一种相当省时省心的基金销售方法。

三、“定投+定增”守住客户资产

一班长

在日常营销中，定投+定增是一个很好的配置策略，尤其是在这种极度不稳定的市场下。

定投，是以“下跌赚份额，上涨赢收益”为主的一种获利模式，对于市场什么时候是底，谁也不知道。有句话说得好：“大盘顶部是一次性冲到，但是大盘底部是多次确认才形成的。”但是定投可以让你在市场下跌的过程中不断抄底，从而摊薄成本，现在恰好是开始定投的黄金时间。

定增，本来属于高大上的机构专属产品，就是以低折扣的价格拿到未来有一定“事件驱动”概念的股票。而且按照以往的规律，市场越跌，定增的折扣越大。对于一个有抄底需求，但又在犹豫何时入场的客户，定增基金是一种带有“安全垫”的产品，而且后期会有较大想象空间的配置策略。

理财经理在给客户介绍定投+定增时，切勿使用“1+1”的话术，也就是说，不要跟客户说，“你做一个定投吧，再买个定增基金”。而是将“双定”作为一种客户资产配置的对冲策略，假设客户有200万元资金。话术如下：

“李先生，针对现在的市场，我们为您量身定制了一种配置策略，供您参考。”此方案的特点是：期限18个月（定增基金的封闭期是18个月），其中有50%的资金，您可以随时支取，但是记得要时刻保证账户里有足够的资金。

这个配置中有两个策略，一个是参与定增的事件驱动策略（记得拿数据出来），另一个是通过不断买入的定量方式摊薄投资成本。这个组合的逻辑是，“我们不但要在大家恐惧的时候贪婪，还要做到更有效的贪婪”。定增就好像在大跌的时候趁火打劫抢到更便宜的股票，通过基金的形式也规避了单票定增的风险。定投小额投资，逐渐抄底，只要市场呈“L”形发展，我们的成本就越低。其实通过这几年投资你会发现，赚得多的都不是在高点出的，而是在低点进的。方案如下：100 万元认购某定增基金，另外 100 万元，以每周定投 10000 元某行业灵活配置基金（定投排行榜记得拿），我再给您推荐一款行内理财产品，做好久期配置，让您剩下的钱也能充分运转起来。

综上所述，在利率持续下行，信用市场风险逐渐爆发的阶段，定增＋定投更能发挥其优势，理财经理营销此类金融产品，可以帮助客户守住资产。

第三章 营销出击——好酒也怕巷子深

一、如何用互联网思维营销“定投”

对门老李

定投虽好，但是推广还是有一定难度。制约定投推广的因素包括：

定投是个长期工程，无法满足今天买入，明天收益的诱惑。

定投比较麻烦，随时要卡里都有钱。

定投比较难坚持，看着往下跌还要投入，需要勇气。

可是事实证明，在不断震荡的市场中，散户最容易犯的错误就是恐惧和贪婪的易位，这是人性的弱点。定投可以通过纪律来削峰填谷，最后获取盈利。比如，2015 年，虽然股票型基金平均也有近 20% 的收益，然而很多客户再次“站在高岗上”。这不仅让理财经理更多地思考，如何才能使投资人更好、尽快地接受定投的投资模式。

用互联网思维给定投销售支招：

1. 定投投资者痛点

①希望获得高收益；②没有余钱投资；③加仓总在最高点；④没有时间研究股市；⑤品种太多，不知道选哪个。

2. 满足不同精准需求

过去定投总是满足一种需求——收益需求：定投三年，收益 110% 。

现在要这样：①收益需求：定投三年，收益 110% ；②尊重需求：月定投 5000，银行 VIP（贵宾）通道；③安全需求：养老定投，老有所养；④交流需求：参加定投财富圈，与高端客户直通基金经理；⑤自我实现：

每天定投多一点，距离梦想近一点。

3. 打消投资者顾虑

传统定投就是选择一只业绩优秀股票基金定投。而互联网思维自然不能这么落后。机构是甄选顶级基金经理，精心筛选标的。比如一个复杂公式：三年排名前50，1年排名前50，三个月排名前50的交集，然后筛去波动率最大的三个，最后去掉从业不满三年的基金经理，最后精心挑选出人选。

4. 建设定投粉丝圈

定投已经在过去得到很好的证明，因此完全可以设计定投粉丝圈，粉丝在理财经理的牵引下，一起认同定投。比如可以组织定投线下交流会，定投赔钱的市场，大家一起互相鼓劲，定投赢利的时候，大家分批收获，建立口碑效应。特别注意，一定要有几个定投真正认同的铁杆粉丝，用事实来说话。

5. 定投定期迭代

定投的“迭代”就是对持仓的检视。一般来说，可以针对标的进行重新的评估，也可以加大定投频率，或者加大金额（智能定投）。定投不是销售出去就不再管了，相反，客户做了定投之后，理财经理更要保证好的沟通，把服务真正的导入。如果明白这背后的深意，理财经理就要升级了。

6. 制造引人入胜的定投文章传播

在线上阅读不断深入的今天，使用微信等工具会事半功倍。比如2015年销售有道公众号发表的一篇名为《17年定投获上千万收益（你坚持也可以）》的文章，获得了10多万的阅读。除此之外，推荐《我为什么放弃12%的信托而选定投理财》《如何得到一只年化30%的基金》《为什么2016，我们拼着推荐定投》《理财经理压箱底的礼物》几篇精品文章供读者阅读。

定投本身，的确是一种有效的投资方式，基础是好的，用互联网思维将定投的优势分享给读者，就是为了方便读者投资。正所谓，酒香也怕巷子深。

二、推广定投的金钥匙

对门老李

1. 了解定投的意义

（1）定投可以培养客户良好投资习惯

通过定期定额投资，能够让客户养成一种投资习惯，这种投资习惯可以更好地为客户做各种配置，真正实现打理客户财富的目的。

（2）通过定投可以增加客户的忠诚度

由于定投时间的积淀，客户往往会产生依赖感，因此，定投不但在财富上可以锁定客户，更容易在理财渠道锁定客户。

（3）定投背后往往是客户的成长升级

由于时间的拉长，客户也逐步成长。随着年限的增强，一部分客户收入增加。理财经理可以通过定投摸清客户的情况，提供更多的产品配置。

（4）市场不好时定投为机构创造中收

当股市低迷时，权益产品销售会遇到很大难度，但是定投可以在市场很难销售的时候，带来很多的销售规模，这个对长期坚持定投导入的机构非常有利。

（5）定投让理财经理随时可以做服务

定投需要检视，需要服务，因此在服务中能够更好地加强与客户的联系，也为理财经理沟通客户提供了由头。

（6）定投已经历史验证对客户收益负责

历史实践证明，客户在定投上确实能够获得长期的回报。比如当前客户在2015年8月3600点坚持做定投，在当前已经赢利。

（7）定投可以做一揽子产品组合营销

基金不仅仅可以做定投，黄金、保险依然有定投模式。而且基金定投可以叠加理财产品或者其他产品。

2. 开篇常用话术

（1）咱们都知道股市风险比较大，但我见到那么多投资股市的方法中，有一种却能够让大多数非专业人士赚钱。

（2）选择市场高点和低点是不是很难？我介绍一个不需要选时点，只需要等盈利卖出的一种投资方法。

（3）有一位普通投资者，17年赚了上千万收益，想知道她怎么做到的吗？

（4）（业务办完后）您这边做定投了吗？

（5）现在股市不好不假，我也不建议您买股票和基金，但是有一种投资方式除外。

（6）单买一只股票风险大不大？我们可以分散选股；一笔全投股市风险大不大？我们可以多笔投资。

（7）您目前基金仍在亏损，从目前市场的震荡分析，如果回本可能要等一段时间，不过我有一个早回本早赢利的建议。

……

开篇话术有很多，理财经理需要将客户从兴趣向共同探讨方向转移。

3. 定投的各种优势（需要熟记）

（1）面对复杂多变的股市，犹豫不决时，看不懂市场时，请选择做定投。

（2）市场中最容易追涨杀跌，长期观望有时并不奏效。投资要“讲纪律”，定投是最好的“纪律投资”。

（3）市场越跌，投资者越要坚持，因为这是不断收集筹码的机会，甚至有时主动买套。有一种胜利叫作撤退。

（4）定投补仓是高位套住的最好解套方式之一，只要不想斩仓，只要相信经济是周期性循环的，那就定投吧。

（5）你是月光族吗？通过定投可以强制储蓄，为子女存储教育金、为养老储备养老金。钱花了也就花了，存也就存了。

4. 定投需要注意的几点问题

（1）定投未必比其他金融投资收益高，但是，它不怕市场跌。

（2）股票型基金更适合定投。

（3）投资要有三年以上的心理准备，需要有长期的现金流。

（4）理财经理在为投资者介绍产品时，大额定投、周定投、智能定投可以放在第一步交流，或者客户定投获利后再重点推荐。

（5）定投金额与收入挂钩，太少的定投意义不大。

（6）停利不停损，做定投要学会止盈，但定投不用停。

（7）定投可以傻傻地买，聪明地卖，不要在乎过程，只需要在乎结果。

（8）定投讲究微笑曲线，理财经理需要在股市的涨跌中淡定如常，才能笑到最后。

5. 定投挑选论据

（1）挑选定投基金，找那些业绩优异，坚持自己风格的基金。

（2）主动股票型基金在中国股市长期回报更高。指数型基金不用担心基金经理变更。债券基金更适合存钱。弹性大、波动大的基金更容易赚钱。成长型基金更适合以资本长期增长为投资目标。

“约定金额＋约定时间＋约定产品＋自动扣款＝基金定投”。借用一句歌词，定投真好，陪你一起看天荒地老，待阳光灿烂，相信你会开怀大笑。

三、台湾银行的定投广告

对门老李

定投是价格波动产品投资的最佳手段之一，其广泛运用在多种理财产品的投资模式中。销售有道成员在台湾地区交流时，实地拜访了很多理财机构。经过筛选，我们挑选了台湾金伯金库银行的“财富存钱筒”定投产品的宣传方案，与理财经理分享。

可借鉴之处：

(1) 该定投产品广告以儿童主形象出现，寓意“亲民”“子女教育”“储蓄习惯”等元素，有利于投资人接受，并容易唤起家长的同理心。

(2) “每日存一点，梦想近一点。”广告语采用换位理念，从客户出发，衔接“行为—梦想”。

(3) “财富存钱筒”是该定投计划的名称。一般来说，项目需要有个相应的名称才可以标识区分项目，并有利于推动。比单一用“定投”更加丰富。

(4) 该定投产品在广告中确定优惠时间，限时开通，有利于营销。

(5) 定投优势强调了“全球化配置”“手续费成本”“不同商品搭配”“服务优化”四个方面，涉及了购买的所有方面。

从实际推广定投的方面，我们认为可以再做一些优化：

(1) 该定投广告缺少数据，以证明“每天存——梦想近”。如果能够有相应的数字放置，相应的具体梦想，广告杀伤力会更强。

(2) 定投产品在投放广告时，文字不宜过多。一般来说，三条以上的优势，投资人是记不住的。

(3) 该定投文案中出现了“每月小额扣款”这样的理念，与销售有道倡导的较多扣款有差异。如果理财经理靠“小额”打动投资人，以后再提升额度还要再营销；如果把道理讲清楚，与客户收入匹配的较大额投资，反而效率更高。小额再加码难，大额缩减额度简单。

台湾财富管理先起步于大陆，有很多值得借鉴的地方。但是大陆近年的发展，也逐步有了符合本土特色的销售理念。

定投营销小课堂二维码，扫码看付老师视频。

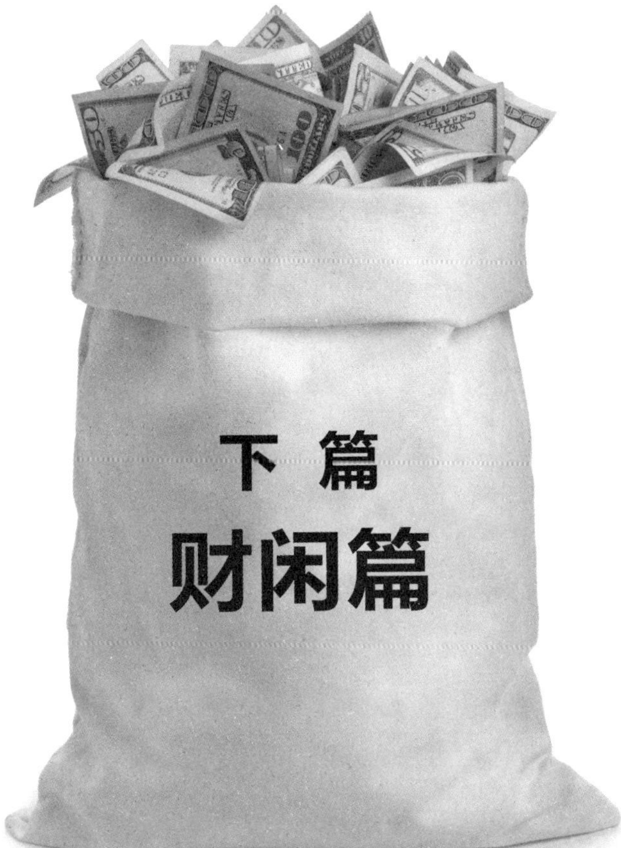

下篇

财闲篇

第一章 资产配置——配置才是硬道理

一、资产如何配置才能保证你是真正的中产阶级

君不见

商务部部长高虎城曾在国新办举行的发布会上表示："中国目前有一个中高收入的阶层正在形成，有人说是9000万人，有人说已经超过了1亿人。"他指出，2015年出境人次是1.2亿，境外消费1.5万亿元人民币，其中至少有7000亿~8000亿元是用于购物的。这个购物中有相当大的比例是中高收入阶层在境外的购物，而且从过去主要购买一些奢侈品牌、高档品牌转向高质量的、性价比合适的日用消费品。

中国社科院在2015年12月的《社会蓝皮书：2016年中国社会形势分析与预测》发布会上公布，对北、上、广三个一线城市进行的抽样调查显示：北京的中等收入群体收入最高，年收入为256016元，其次是上海中等收入群体的年收入219770元，广州的中等收入群体年收入最低，为170037元，工资性收入也呈现相似的状况。

有观点认为，按照这种算法，以及目前一线城市的房价，中国中产阶级的收入在北、上、广、深这样的城市连个厕所都买不起，更别说还有闲钱吃喝玩乐了。有种观点本人很赞同，如果你的投资组合在2005年前没有囊括房产，2007年前不包括股票，2009年前没有投资过私募股投资（PE），那么基本可以判定你和今天的"中产阶级"不沾边。万一你去年在A股指数5000点的时候买了股票，现在还满仓，那么你肯定是"中惨阶级"。

之前发布的另外一份调查报告显示，中国自认为是中产的家庭月收入为45202元，流动资产为人民币150万元。

跟发达国家相比，中国家庭资产当中，股票、基金、债券、外汇、黄金等升值潜力较大的资产占比依然非常小，以房产和储蓄为主要形式的资产结构所面临风险很大。

著名财经作家吴晓波曾说过，不富裕阶层与中产阶级的主要区别之一就是，中产阶级的很大一部分收入来自资本性收入。对资产净值过千万的中产阶级来说，一年要获得80万元以上的净收益难度并不大，但这超过了绝大部分中产阶级工作的薪酬净收入，在一线城市以外的地方这种现象更加突出。

据说去年的股灾消灭了不少中产，因此如果想未来十年继续保持中产的头衔，那么从现在起必须好好做“资产配置”。

有个比较好的资产配置图可以推荐给大家，那就是“标准普尔家庭资产象限图”。这种配置方法把家庭资产分成四个账户，这四个账户作用不同，所以资金的投资渠道也各不相同。如果拥有这四个账户，并且按照固定合理的比例进行分配，就可能保证家庭资产长期、持续、稳健的增长。

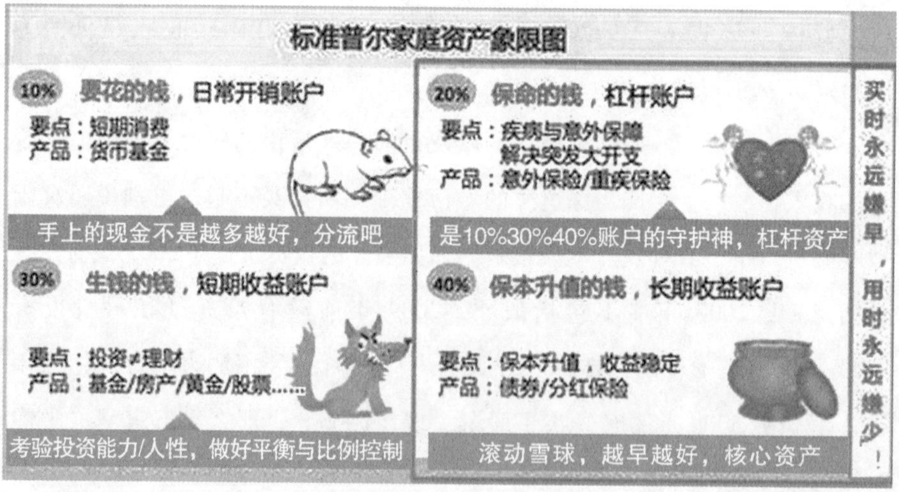

第一个账户是日常开销账户，也就是要花的钱，一般占家庭资产的10%。这个账户保障家庭的短期开销，日常生活、买衣服、美容、旅游等都应该从这个账户中支出。

要点：短期消费，3～6个月的生活费。一般放在银行活期存款、货币基金中。

第二个账户是杠杆账户，也就是保命的钱，一般占家庭资产的20%，为的是以小博大。

这个账户保障突发的大额开销，保障在家庭成员出现意外事故、重大疾病时，有足够的钱来保命。这个账户主要是意外伤害和重疾保险，因为只有保险才能以小博大，200元换10万元，平时不占用太多钱，有急用时又有大笔的钱。

要点：意外重疾保障。专款专用，解决家庭突发的大开支。

第三个账户是短期收益账户，也就是生钱的钱，一般占家庭资产的30%，为家庭创造收益。

这个账户为家庭创造高收益，包括投资的股票、基金、房产、企业等。

要点：重在收益。这个账户最大的问题是偏向性，很多家庭买股票第一年占比30%，结果赚了钱就无视风险，第二年就用90%的钱去买股票了。

第四个账户是长期收益账户，也就是保本升值的钱，一般占家庭资产的40%。

这个账户为保本升值的钱，一定要保证本金不能有任何损失，并要抵御通货膨胀的侵蚀，所以收益不一定高，但却是长期稳定的。

要点：保本升值，持续成长。以债券、信托、分红险的养老金、子女教育金等为主。

这四个账户就像桌子的四条腿，少了任何一个就随时有倒下的危险，所以这个家庭资产象限图的关键点是平衡。

如果想成为真正的中产，你不光要有套房产，有持续稳定的收入，还必须得过上有品质的生活，而这些都建立在正确的资产配置基础上。

二、买房时是否考虑过房产传承问题

兜兜转

2016年以来，截至3月初，A股投资者人均亏26.5万元。如果你没买北京的房，人均亏损21万元；如果你没买上海的房，人均亏损37万元；如果你没买深圳的房，人均亏损95万元。

如果你已拥有了如此高价的房，从理财角度，别忘考虑未来房子的继承问题。为何要考虑继承问题？一是遗产税的问题；二是非顺序继承人的问题。

目前，关于遗产税如何征收的问题被热议，前些天有个2016年深圳试点开征遗产税的帖子在网上被多人转发，但是已经被深圳地税辟谣。这些猜测源自2013年9月28日，针对征收遗产税被写入党的十八届三中全会文件草稿的消息。

目前中华人民共和国继承法规定：若房屋所有权人不在了，由第一顺序继承人（配偶、子女、父母）继承。在继承房屋办理过程中不需缴税，在对外出售时需要全额缴纳20%个税及其他税费。这就是我们平常所说的房屋遗产税。

上述规定强调，继承人是顺序继承，顺序如何？

第一顺序继承人：配偶、子女、父母。

第二顺序继承人：兄弟姐妹、祖父母、外祖父母。

如果父母要把房产转移给子女，依然面临诸多的问题。比如，生前赠予可能就会遇到不孝的问题。

另外，读者是否发现，顺序继承人里面都没有孙子、孙女、外孙子、外孙女。这些人属于代位继承权人。然而，在现实中，很多祖父母希望把名下房产留给隔代，而在子女还在的情况下，也仍然会存在一定问题。

1. 问题梳理

（1）生前赠予如分配不公，导致家庭不和；

（2）房屋所有人赠予后，受赠人不孝，导致老人生活不幸福；

（3）受赠人获得大量财富后挥霍。

2. 可以规避理财方式

（1）附条件赠予

赠予人与被赠予人签订赠与合同时，可以有约定条款。比如：处置条款，规范被赠予人的行为。

（2）遗赠进行公证

这样避免被赠予人挥霍等事件出现，但是难以规避赠予人生前债务问题，手续也会比较繁琐。

（3）设立信托

这样需要卖掉房产然后放入信托，除非法律问题，其他任何人无权查阅，也可以规避遗产税。但是会有管理费以及房产税的问题。

（4）年金保险

人寿保险是一种较好的传承方式，每年领取的年金非常稳定，而且无须其他人员知晓。最重要的是，该年金合同属于被保险人，不属于被保险人夫妻共同财产。

以上方式每一种都有自己的优劣势，不过在高房价的背景下，购房人还是需要在购房前理性的选择，在购房后逐步考虑未来房产的问题。

三、作为股民，我更关注奥斯卡大奖影片中那头熊

对门老李

2016 年，“小李子”莱昂纳多·迪卡普里奥因主演《荒野猎人》荣获奥斯卡最佳男主角，收获了他人生的第一座小金人。《荒野猎人》根据迈

克尔·彭克同名长篇小说改编，故事讲述了19世纪一名皮草猎人被熊所伤，并被其他猎人抢走财物抛弃荒野，经历痛苦奇迹存活后开始复仇的故事。

这么多年和小李子合作的明星有很多，万万没想到最后帮他获奖的竟然是一只母熊。在电影中，那只攻击莱昂纳多所饰演的皮草猎人的母熊虽然只出现了六分钟，但是带给观众巨大的冲击力。从股市的角度来说，股民已经经历了不止六个月的“大熊”了。

在荒野中见到熊怎么做？装死？错！熊不吃动物的尸体大概因为它不饿，很多棕熊不是还经常翻居民区的垃圾桶找食吗？因此，熊出没时，不要想着装死。想想生性好奇的野熊把装死的你翻来覆去地查看，体重半吨的它在你身上坐一坐，用它长满倒刺的舌头在你没擦护肤品的脸上掠过，想着都是惊险的事情。

动物学家说，荒野遇熊，保持镇定，不要对视，慢慢顺着风、缓慢倒退着离开。如果它已经发起攻击，则要反抗击打它的鼻子，让它知道猎物不易得手。虽然这点很难，但这却是当熊发起攻击后自救的最有效方法。

资本市场的“熊”也出现在我们投资的视野，不折不扣地给我们带来了伤害。A股经常给我们带来一根大阴线，往往击穿的不仅仅是股指，更是很多投资人的信心。相信很多投资人会说：“再也不看股市了，什么时候回本，就再也不进了。”于是，也进入了熊市中的装死状态。

装死是一种最简单的逃避方法，但却不解决问题。作者经历过股指多轮的牛熊转换，所见到逃避者总是无法逃脱低位离场、高位再次进入的循环。相反，在熊市来临时，主动有原则的出击，则是自救的最好方法。

我们可以择一城终老，遇一人白首。但不要套一世A股，还一生房贷。

那么，我们可以做什么？

1. 配置避险产品

我们不知道熊市还有多久，配置避险产品能够让我们在风雨中有底线、更踏实。黄金、保险、享受上浮的存单都是不错的品种。

2. 寻找价值洼地

市场的系统性风险来临，会错杀很多优质的投资标的。随着市场整体估值中枢的下移，很多企业进入可长期投资空间。投资者可以通过二级市场买入、并购、定增、PE 等多种方式参与。

3. 坚持定期投资

熊市中，投资者需要做好长期入冬的准备，但切勿忘记不断摊低成本、不断进行逢低布局。多次投入收集筹码，待到微笑曲线出现，就是收获之时。定投是熊市中一定要坚持的投资法则。

总之，熊市来临，装死是最没用的方法。有所行动，按照一定的原则，坚持动起来则更有希望。不能在危机来临时只会装死，比如面对危机，央行再次降准 0.5 个百分点，作用成效不好估量，但是，一定对经济是有促进作用的。

愿所有的坚持，终不被辜负！

四、艺术品投资及其在理财中的配置

红脸君

提及艺术品投资，大多数人脑海中显现的词语无非是“暴利”“水深”“苏富比”这样的词汇，也包括很多故事。比如，40 多年前，荣宝斋只花了 80 元便把李可染先生创作的《万山红遍》收入囊中。40 年后，这幅约 3.1 平尺的作品，以 5800 万元起拍，经多位买家数十轮的竞夺后，最终以 1.84 亿元成交。

艺术品是个极其宽泛的概念，字画、邮品、珠宝、古董、当代名人瓷器等，都属于艺术品的范畴。对于艺术品投资者而言，不可能宽泛到对所有种类的艺术品进行投资的。比如艺术品投资的名人马未都，可称得上是博闻之人，收藏可以覆盖陶瓷、漆器、古代家具、玉器、书画等，但若是邮票、老酒、苏绣、金器等未必执牛耳。

近年来艺术品市场整体而言，2011 年热度曾达到顶峰，经过近五年的整理，目前有阶段蓄势的趋势。

2015 年，做电缆生意的中超电缆，斥资 1.04 亿元购买了 28 把紫砂壶，被媒体定义为“不务正业”。不过中超电缆称，交易适应公司业务发展需要，增强公司竞争能力，不存在损害上市公司利益的情况。有分析家就认为，这次交易是中超利永完成紫砂壶价格推手和造市链条的关键一步，有助于公司未来销售运作、布局紫砂壶市场。

该公司后来改名“中超控股”，2016 年 1 月 17 日，公司发布公告称，开展向股东赠送紫砂壶的活动，布局文化产业。艺术品投资在上市公司中的运作，着实让很多投资者惊叹了一把。

艺术品投资的问题包括：

鉴定的风险较大，投资者对于价值的判断不准确，流动性变现问题，投资存在政策性风险，投资成本较高等。

不过投资者如果基于对艺术品的爱好，再辅之以正规渠道和艺术品的研究，艺术品仍然是家庭资产配置中的一部分。

俗话说“盛世古董乱世金”，在过去的 5 ~ 10 年中，艺术品的表现都超过了金融资产、股票和房地产。美国高盛投资分析认为，全球股市回报率为 6.5%，而艺术品的年平均回报率达到了 16.6%，在高通胀环境下的表现要远远好于房地产投资和股票投资。因此，在大环境稳定的前提下，艺术品投资在日益富足的国内市场中，仍然具有越来越热的趋势。

契机：在“资产荒”背景下，艺术品投资是受益的一个重要方面；高净值人群的不断增长，也是艺术品市场升温的关键要素。

一般投资者的参与方式：

艺术品基金：艺术基金是一种金融资本介入艺术品的投资理财方式，其在国外已有近百年历史，但在国内却是近两年才兴起的一种艺术投资方式。

拍卖购买：目前拍卖已经不像当年有较高的门槛，不过也催生了很多造假的拍卖机构，希望投资者擦亮眼睛。

艺术品信托：指委托人将其持有的资金委托给受托人，由受托人以自己的名义，按照委托人的意愿将该资金投资于艺术品市场，并由受托人具体负责艺术品投资事务，通过艺术品投资组合，在尽可能地控制风险的前提下为投资者提供分享艺术品价值增长的收益。

文玩店淘宝：该方式充满了乐趣，但是对于一般初学者来说，则需要有一定的眼光。

从藏家购买：有一定的信誉背书，需要为鉴定埋单，不过是 种较好的方式。

总体来说，艺术品投资可以成为家庭资产配置的一部分，但是，该市场确实还有很多行业的规矩和不规范的地方，因此，属于金融类、房产类资产配置之后的选择。如果做好了相应的准备，投资者就可以淘些可以“压箱底”的物件了。

五、给客户资产配置的步骤

对门老李

随着财富管理水平的升级，产品导向型的营销模式逐步过渡至配置导向型的资产配置模式。当前，理财经理均遵从资产配置的理念打理客户资产，但是，规范化的配置流程在执行过程中仍然存在缺点，如何能够形成相对科学的配置方案，我们进行深入的分析。

第一阶段：描绘客户风险收益特征

（1）了解客户的资金收益需求；

（2）了解客户的时间周期需求；

（3）了解客户的风险偏好容忍。

理财经理根据对客户基本要求的摸底，能够框定客户对于安全性、流动性、收益性的基本需求，然后才能够有效地配置资产。理财经理在与客户沟通的过程中，也容易会出现客户对需求存在模糊、矛盾的情况，因此，需要一个去伪存真的过程。

第二阶段：构建基本产品配置组合

产品组合从财富管理机构角度来讲，基本零售条线主要是：权益类、固收类、现金类、其他类。那么，对这些产品进行规划，理财经理首先要根据客户风险收益特征做一个基本规划，同样有三个步骤：

（1）各类产品配置的基本比例；

（2）各产品之间的相关性分析；

（3）各类产品预期收益率估算。

第三阶段：制订投资策略评估趋势

这一阶段是理财经理专业性的体现，也是综合判断力的考验。

（1）制订投资策略。

资产配置策略有：

买入并持有策略：合理配置，配置后不作为。

恒定混合策略：下降时买入，上升时卖出。

投资组合保险策略：下降时卖出，上升时买入。

动态资产配置策略：回归均衡原则。

（2）宏观经济分析调整超配、低配资产。

第四阶段：落地产品销售，适时调整。

（1）结合分析结论匹配相应产品；

（2）配置产品并根据反馈微调。

当前客户的需求逐步多元化，对于产品的综合诉求也不断提升。因此，完整的配置方案在专业配置逻辑上，有助于产品销售，更重要的是对客户财富的管理也更负责。

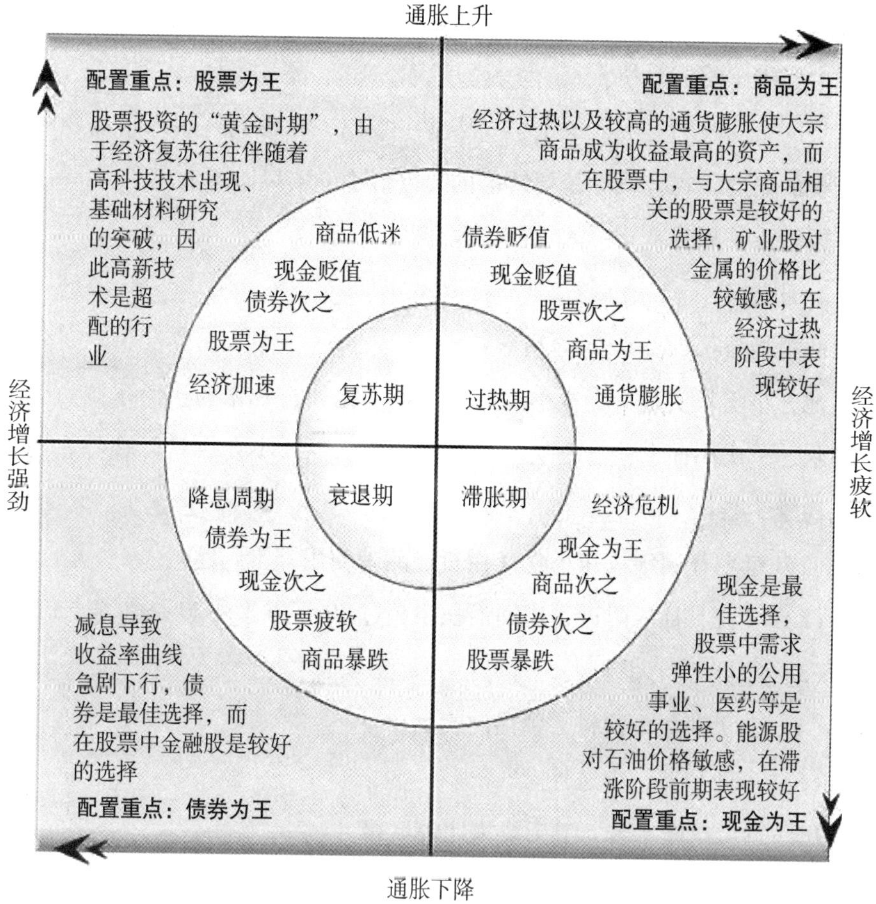

六、稳赚不赔的投资有什么

兜兜转

几天前看到个段子：如何在股市稳赚不赔？拉个股票微信群，然后各抒己见讨论股票，定下规则，股票涨停就发红包，然后注意抢红包，就稳赚不赔了，特别注意——千万别买股票。

1. 学区房

回报指数：☆☆☆　风险指数：☆☆☆

稳赚不赔的事情，想想很难，其实简单，只要定义好赚多少的标准、定好时间周期即可。根据当前学区房的划片政策，在很多城市，购买学区房是个稳赚不赔的事情。

学区房的逻辑：买入—上学—毕业—卖出。考虑到使用入学名额和用后变现的角度，在优质学校稀缺的前提下似乎确实风险不大。

风险点：划片变化、入学政策改变。

2. 小吃店

回报指数：☆☆　风险指数：☆

地方小吃其实是一个本小高毛利行业，比如桂林米粉、兰州拉面、成都小吃、重庆小面、沙县小吃等。有分析指出，该小食店只要具备五大特点，稳赚不赔：

(1) 老乡开属地风味小吃（供货、品牌使用都没问题）；

(2) 学校、社区附近，店铺面积不超过 70 平方米（70 是临界点）；

(3) 能自己当大厨；

(4) 多卖碳酸型饮料，别指望卖酒；

(5) 多做套餐，少送外卖。

风险点：比较辛苦，卫生要求比较严格。

3. 高频交易产品

回报指数：☆☆☆☆　风险指数：☆☆

把高频交易这样高回报的品种放在小吃店后面有些屈才了，但是从投资的角度讲，都是为人民服务的。通过“计算系统与数学建模辅之以金融技术”，产品基本定义为无风险套利工具。在美国，高频交易创造股市超过 50% 的交易量，这是一个巨大的再生矿。

风险点：黑天鹅效应，工具有效性。

4. 打新基金

回报指数：☆　风险指数：☆

打新基金从当前市场情况分析，仍然有较好的预期。从目前新股的发行节奏来看，市场仍然在新股 IPO（首次公开募股）密集区，大盘股的接连上市也对打新基金形成利好。从目前运作较好的打新基金统计，今年以来年化回报率多数都超过 10%。

风险点：新股停发，中签率降低，上市后股价表现较差。

5. 货币基金收益 + 彩票

回报指数：☆　风险指数：☆

把钱放在货币基金，然后收益定投彩票。按照 4% 年化收益，100 万元货币基金收益每次可购买近 200 注（一周两次开奖），若有一次中大奖，则实现巨大收益，本金不受损失且流动性高。

风险点：不容易中。

6. 央行纪念币评价兑换

这个真是没有风险，稳赚不赔的生意，可惜兑换都要排队有限额。

从投资心理来说，多数投资人希望稳赚不赔，但是短期可能会出现套利空间，长期来看，风险和收益还是成正比的，稳赚不赔并不容易获得。

曾有一个实验：

测试一：（A）75% 概率赚 1000 美元，25% 一分不赚；（B）稳赚 700 美元。你会选哪项？大部分人一定选（B）。

测试二：（A）稳赔 700 美元；（B）75% 概率赔 1000 美元，25% 一分不赔。选哪项？大部分人一定选（B）。

这就是人们的投资心态。在市场中，投资心态比投资技巧和选择更重要。多数人都想找稳赚不赔品种，但是稳赚不赔也一定对应着各种配置和风险。与其这样，不如踏踏实实地做好各类资产配置，找到好的心态。

都说人类贪婪的时候恐惧，恐惧的时候贪婪。经历了几波股灾，该恐惧的时候很多人没有恐惧，套住了。现在该是贪婪的时候，要克服市场的纷扰。虽然谁也不敢说哪里是调整的底部，但是，低点位做定投、参与市场，一定是一个好的选择。

七、2016年中产阶层必修的一堂理财课

兜兜转

在检视2015年投资成绩时，不妨参考市场表现：

上证A股涨幅9.41%；

黄金下跌9.12%；

股票基金平均上涨17.82%；

原油下跌29.03%；

道琼斯下跌1.52%；

深圳A股上涨14.98%；

……

看到惨淡的数据，相信非金融人士已经头大了，这还不包括2015年的14次千股跌停，8家救市券商被查，资产荒频现，私募"一哥"被抓……

多少人在过去发出各样的调侃：没死在熊市、没死在牛市、死在了救市……

当我们走入2016年的时候，如何避免在363天之后再发出"悔不该当初"的感叹？与读者共温一堂理财课。

1. 了解经济格局

2016年经济下滑或会减缓，走出反转概率不大，过剩产能需要出清，结构仍然在转型之中。人口红利逐步消退，传统产业继续受到互联网冲击，新的投资逻辑需要树立。投资者需要铭记的是，在经济低迷的时候，是黄金的投资播种期，是政策的黄金呵护期，供给侧改革的背景下，酝酿着智慧的投资方式。

2. 需要重视的投资风险

在传统上游产业中，存在更大的隐患，就如某特大型钢铁企业年末裁员的事件，将在2016年屡见不鲜。房地产的高增长仅在局部区域呈现，绝

大多数城市的地产投资存在隐患。民间借贷风险仍然较大，公开融资平台，将呈现巨大结构分化。本币的贬值波动或将贯穿一年始终。资本市场的波动性趋于平缓，但是会再度出现赚了指数不赚钱的状况。债券市场的投资黄金期已过，高额收益将回归合理。

3. 2016 年将影响投资的大事件

政府改革的力度将是推动转型的重要动力。美国加息的步伐节奏将影响投资理财市场格局。银行理财资金将逐步流入股市。新兴经济体将在 2016 年爆发出一系列问题。新经济的持续发展，将在本年度获得巨大的成长。

4. 机会蕴藏在哪里

股权投资市场将是新产业的萌芽播种区间。美元资产配置是需要重新规划的重要部分。新兴产业获得加速增长（体育、环保、文化、休闲、生物、医药、电信、科技、新能源……）。股市将是机构投资人的稳健增长配置。大宗商品风险基本释放，安全边际增强。

5. 如何做——逻辑

尽早参与，不要等到每类资产价格上涨后再去跟风。采用机构投资理财，在 2016 年的变数中，机构投资效果 定会好于多数散户。坚守投资纪律，规划设定后，严格执行，不因市场扰动而放弃初心。

6. 如何做——配置

抑制购买房产的冲动，要充分考虑环境、气候、学区、地段等核心因素，不要因为降价而购买。对海外保险不拒绝、不盲从，与大陆保险在险种上结合，做到有益补充。适度参与合规机构的股权类投资，特别关注新兴产业领域有一定规模的股权投资机会。股市以基金作为参与主体，寻找长期业绩好但并不冒进极端的基金。为子女教育及养老做好提前规划，建议以定投的形式来完成未来的储备，强调生命周期理财。注重自身教育投资，在这样一个时代需要新鲜知识及人脉的拓展。

一年之计在于春，理财是一个讲逻辑、讲纪律，克服自身人性弱点的行为。良好的投资规划，符合逻辑的投资方式，能够让自己的投资更加有效。

钱是最负责任，也是最聪明的东西。不要用小聪明，去追寻钱的足迹。用心种下梧桐树，不愁凤凰不飞来。

八、工薪族如何打理年终奖

对门老李

拿到年终奖，先说三句话：不要抄底股市、不要冲动消费、不能只放活期。

年终奖较多的行业是哪些？根据《都市快报》的调查：能源、环保、互联网、合伙人企业的平均年终奖（分红）较高；金融与政府机构的员工年终奖也相对较高。除了红包、年货等必要开支，投资者可对年终奖进行综合的规划。

年终奖如何理财？

1. 年终奖莫着急还贷款

有些客户拿到年终奖第一想法就是还贷款，而这个想法是值得摒弃的。主要原因是：长期无风险收益高于一般性贷款，比如公积金贷款和房贷还有较大折扣，成本在4%左右，低于很多同期限的理财产品。除此之外，还有特别重要的一点是：国家2016年或出台贷款利息抵个税的政策，这个对于有房贷的家庭是巨大利好。首付20%的政策也将利好房地产市场。

2. 提前做好年度三计划

年终奖是多数家庭除工资收入的主要来源，做好综合的规划，更有利于年终奖本身的投资。对于领取年终奖的上班族而言，教育计划、养老计划、旅游计划，是需要在运用前进行提前规划的。特别是有准备生二胎，有MBA（工商管理硕士）充电计划，有出国旅行计划等大项目支出的家庭，需要提前做好计划。

3. 2016 年基金投资更重要

经历过 2015 年的股市大幅调整，很多投资人认识到，自己做股票风险巨大。而基金在 2015 年虽然调整很大，但是平均收益也近 30%。踏踏实实地做基金投资，是一般客户的重要投资工具。2016 年年初，行情下挫意味着散户更难赚钱，因此基金投资在下跌后进行布局，非常值得长期看好，而且在 3000 点以下的位置上，安全边际还是较大的。

4. 保险是年终奖的标配

随着保险不断的"正名"，多数客户已经对保险有了更加理性的认识。通过年终奖让客户为自己的家庭多一份保障，为未来多一份积累，是非常必要的。销售有道建议，销售人员可以把内地保险与香港保险结合起来为客户配置，年终奖的时间窗口，是一个好的契机。

5. 贵金属投资结合收藏

2016 年，黄金涨势良好，美国加息让压制黄金价格的因素减轻了很多。虽然黄金价格未必能马上反转，但是通过吉祥、收藏的概念，配置一定的实物黄金，补充黄金配置，对客户也是有益的。当前有生肖币、熊猫币、吉祥题材黄金，都是年终奖配置的产品备选。

6. 没规划时做现金管理

如果不确定什么时候用钱，则可以做好资金的现金管理。一般来说，最常用的工具就是通知存款、短期理财、货币基金这样的产品。特别是在过年长假前，不要忽略这部分资金。如果过年前后放假 15 天，10 万元产品的利息也有 200 多元，一个星期的水果钱出来了。

7. 年终奖的强制储蓄

有些客户反映，由于年底开支较大，年终奖在手边放着容易形成大手大脚的花钱情况，所以希望有一些强制储蓄的理财产品。如果资金量较大，可以考虑信托、专户、大额存单这样的产品，将资产锁定起来，一般来说，到期均会有较好收益。资金较小也可以放在一些银行理财、优质

P2P 等产品中。总之，强制储蓄更要注意标的的安全性。

年终奖理财的方式还有不少，投资者可以在年底进行账户升级，减少年度不必要开支。理财就是开源节流背后的“钱生钱”；把握好风险和收益的关系，才会助力财富增值。

九、青年人要养成哪些受益终身的投资习惯

兜兜转

有关理财的话题，对青年人而言，似乎稍稍遥远。特别是刚工作的很多朋友总是认为自己无“财”可理。其实，树立正确的理财观，往往有助于在财富之路上越来越好。

正确的理财观，就是“财商”。君子爱财，取之有道。比如极少数的年轻人总是期望一夜暴富，结果要么财富之路上渐行渐远，要么铤而走险。举个很简单的例子，少年得志未必行进得很远，中了彩票大奖，如果就此沉浸于奖金则会迅速由富返贫。

著名投资商沃伦·巴菲特真正的财富快速增长是在 50 岁以后。笔者的意思并不是说等到 50 岁之后才去争取财富，而是说，年轻人树立了正确的财富观，有了适合自己的积累方式，财富自然会在以后以几何形式增长。

在理财界有句话：一个人到晚年的幸福才是真正的幸福。如果在年轻时透支无度，挥霍青春，则会影响晚年的生活。那么，作为年轻人，什么才算是靠谱的投资呢?

1. 聚沙成塔，定期储蓄

在初入职场时，忌讳年轻人月月花光自己的收入，只有养成了良好的存储习惯，才能感受到赚钱的不易，才能让自己在未来很多事情上形成控制力。自控力对于社会人士来说，是一堂必修课，而定期存储则是一个很好的方式。

推荐方式：基金定投。

2. 拒绝攀比，量入为出

虚荣心在每个人身上或多或少都有，但是青年人更强烈一些。在生活中，少与他人攀比物质生活，对自己的消费有个明确的计划。如果当前消费过多，还可以采用每周记账的方式，逐步缩小消费金额。

3. 尝试权益，重在体验

对于权益类的股票、基金、众筹等产品，年轻投资者在感兴趣的前提下可以少量参与，重在体验。因为权益投资赢钱的概率往往是和阅历经验成正比的，因此越早接触，越能够感受市场的残酷，积累经验。但绝不建议借钱投资。

4. 随手理财，锱铢必较

对于年轻人来说，时间可能也比较充裕。在互联网影响下的今天，很多财富管理机构都有很多的理财促销活动，比如赠送基金份额、返优惠券、信用卡优惠活动等。在时间允许的情况下，年轻人可以积极参与，手头的活钱也可以通过货币基金做好现金管理。

5. 投资自己，回报无穷

充实自己，对年轻人来说是一个好的投资方式。因此，建议年轻人可以通过报学习班以及考证的方式，投资自己，让自己的专业知识更丰富。

年轻人也可以考虑一些年龄优势的理财方式，比如保险投资，年龄越小，缴费越低，都是一些很好的模式。

总之，期望年轻人在践行使命与梦想的路上，也能够实现财富的升级。

第二章　投基之道——基金投资大法

一、基金投资简单有效的“三”字法则

红脸君

投资人学习投资的技巧，是为了规避自身的弱点，执行投资纪律。同时投资技巧也是股市赚钱的一个先决条件。股市里多数人赔钱，往往是因为不能执行投资纪律，随波逐流，最后折戟沉沙。作者总结了基金投资的朴素“三”字原则，对基民会有帮助。

1. 三年周期

选择基金，如果是老基金，最好要看最近三年的业绩，特别是，此基金能否穿越牛熊股市。一般来说，三年五星级的基金可以作为长期标的。如果是新基金，要看基金经理过去三年的投资业绩。

2. 1/3 的排名

基金业绩表现不一定总是选前三名，因为前三名的基金往往有很大的运气成分，长期排名前 1/3 的基金，说明选股及择时能力都是不错的。

3. 30%止盈

盈利超过 30%，投资者可以逐步减仓，也可以遵循 1/3 减仓，再上涨 30%，再减仓 1/3。很多投资者都输在“贪念”上，因此获利了结也是必要的。

4. 三只基金

一般来说，投资者建仓时，一个类型的基金不要超过三只。同样类型的基金，在系统性风险下承压能力差异不大，因此三只以内的同类基金足

以覆盖优秀管理人的差异。有的投资者恨不得买三十只同类型基金，实在是投资理念的问题。

5. 三月周期

对于一只已经购买的基金，不要马上关注其短期的涨跌，要给其至少三个月的观察期。因为三个月内，很难说大盘风险、行业轮动风险、建仓策略都会给基金经理人造成影响，所以三个月是至少要等待观察的周期。

投资基金的法则很多，但是这些“三”字法则是各类技巧朴素的基础，如果认同，请应用于实践。

二、买基金亏损的十三条教训

兜兜转

我是从2003年开始买基金的，当时买的第一只基金是广发聚富（认购)，赎回的收益是7%，从此开始了买基金的理财之路。

买基金也要经历几个阶段，就和人生一样，先是看山是山，看水是水；看山不是山，看水不是水；到看山还是山，看水还是水的三重境界。

想想十二年下来，有过收益翻番的精彩，也有1元钱跌到3角钱的无奈，所以总结了一些亏损的教训，与大家分享。

1. 做理财，最重要的不是技巧，而是正确的理念。理念如果正确，投资基金的结果不会差到哪儿去

我学习基金最疯狂的是2007年，哪里有讲座，就跟着去哪儿听，逮着、碰上基金经理就是一番请教。最后发现，买基金的品种不少，下跌的时候，几乎全部亏损。现在想想，首先把理念摆正了，再考虑技巧才是正道。

2. 做基金别光想着长期投资，一定要给自己设好止盈

当年真的坐过“过山车”，最高1元挣到2.8元，最后真的又回来。有点像今年，有只基金挣到60%，这一跌，全吐回去了。现在摸索的办法是，设置30%止盈，到点先赎1/3，再涨30%再赎总投入的1/3，剩下的1/3就放着了，什么时候用钱的时候再出来。如果基金出于换基金经理等情况，也出来。

3. 买基金不要只数太多，多了也一样跌

现在看来，最多买三只，我说的是股票型的投资者也不要想着什么都买分散风险，行情不好的情况下，各种类型基金都有风险。

4. 不要上来买一点试试，想好了，第一次就多投

好多人想法总是，买一点，不好再补仓。最后发现，都不是补仓，而是都跑去追涨了。所以，我现在是，感觉看好了，就一次性多投，反之就不投。金字塔搞倒置了，就错了。

5. 别天天看净值，没有太大意思

记得原来买基金，没事就查阅净值，今天挣了多少，明天赔了多少，最后发现，很多错误的操作就是来自于此。基金不像股票，股票可以退市跌没，基金好歹是好多只股票，至少不会跌没。

6. 不听忽悠，特别是专家的话，好坏真的全让他们说了

原来总听基金经理一句话：谨慎乐观。后来搞明白了，什么是“谨慎乐观？”就是跌了，他说，你看我说要谨慎；涨了，他说，你看我说要乐观。现在搞清楚了，基金经理不论公募私募，只要出来都是忽悠。所以，我特别建议，基金经理就老老实实在家做投资，讲产品，让理财经理讲就好了。

7. 恐惧贪婪的理论也不一定对

很多人将“贪婪时恐惧，别人恐惧时贪婪”这句话当作圣旨。其实就是个逆向投资，但是具体什么时候贪婪，真不知道。比如我2013年买小盘股基金，好多人后来看到赚钱了，都买。我想，这么多人买我就撤了。结果，2014年年中撤了，发现错了，后面还有更贪婪的行情。

8. 没事别和买基金的人扎堆

你跟他们在一起，保准心态被搞乱了。这里面就两种人，一种是某人说买了什么什么，赚了多少多少；另一种是一堆人控诉买了什么，赔了多少多少，特别没意思。人多的地方，吹牛的多，抱怨的多，新手多。

9. 千万别说，等我回本了，再也不玩了

一路上见过很多这样的，你放心，只要他知道别人赚钱了，最后早晚还要进来。不过这种人多数很可怜，一开始还坚持不进，最后进来又进场操作。结果还是那句话“回本再也不玩了!”

10. 没事还是要多了解些新东西

有些投资者就守着股票、基金，后来发现，保本基金也不错，大钱也敢放，后来发现分级 A 也不错，这轮下跌发现量化对冲也不错。老话：时代在发展，社会在进步，要与时俱进。

11. 不要怕市场大跌，跌多了就是机会

2005 年跌完有 2007 年牛市；2008 年跌完有 2009 年牛市；2011 年跌完有 2012 年小盘股启动；跌得越猛烈，越不要害怕，机会就在很多人没反应的时候。所以，拿不准方向，就定投买跌。

12. 说到定投，是熊市的好工具，不过牛市打点折扣

定投的原则是越跌越买，这个理念没错，而且可以越跌越加码。牛市还是一次性投入比较好。

13. 牛市里，别把自己当股神

有些投资者牛市特别容易，把自己当股神，觉得自己能指点江山。跌下来，才知道自己灰头土脸。不过，宠辱不惊其实不容易做到，我一直想做，12 年了，也没做到。

这是总结的一些投基金的感悟，给各位基民参考。

三、市场暴跌中常见的基金投资误区

红脸君

在市场历经暴跌时，投资人往往受到自己的情绪和行为偏差的影响，做出一些错误的操作。如何避免情绪化交易，我们汇总了当下暴跌中基金投资的五个误区。

1. 急于补仓

当发生亏损后，只要不是满仓，很多投资人都有补仓摊低成本的想法。但是，当市场下跌趋势形成后，补仓往往让很多人后悔不已。如果确实仓位不高，投资者在补仓前也不要有赌的心态，至少要想清楚三点：

（1）是否已达到该类资产配置的权重上限。否，则不要补。

（2）补仓是否有相应的计划和纪律，比如亏损30%是补仓线。

（3）补仓部分的预期收益设置是多少，比如赢利10%逐步撤出。

2. 急于换基金

目前，下跌是系统性风险，没有哪个板块能够独善其身，即使是风格轮动，也是短周期，因此急于换仓往往容易换在高点又赔了手续费。

比如某君认为救市拉抬大盘，重仓大盘，结果当反弹确立后，小盘反弹速度较快，再换仓小盘风格基金，结果又赶上了本次市场调整。

3. 盲目清仓

经过市场大幅下跌，沪深300指数大幅回落，很多投资者损失惨重。不过，当合理配置范围内的基金，亏损已经远远超过预期范围的时候，不建议就此减仓。

每一轮市场大幅调整，都会有受伤的投资人退出市场，金盆洗手，再也不进股市，但是这种决心随着下一波牛市来临而土崩瓦解。

要不要彻底离场，还是要根据具体情况，而非一时意气用事。当前，市场已进入2800点以下，如果投资者已经大幅亏损，而且有近期没有用途的资金，多数最好不要盲目建仓。

4. 回本即卖

在股市缓慢复苏后，往往应该持仓逐步回本，但很多投资人等到回本时，马上就卖出也是一种误区。一般来说，能够深套回本，说明市场已经形成了上涨的趋势，因此，回本即卖并不可取。通行做法是，设立止盈线，大资金可分批赎回。

5. 定投终止

定投是唯一确定性在下跌中的投资方式，也是探究底部的最好方法。从国内股市的运行来看，大起大落是常见的形态。在这种周期震荡之下，定投是最好的投资方式之一，也是有效的补仓手段。

当然还有技术上的基金投资误区，比如抢反弹时选择带杠杆分级B时，一定要搞清楚其是否已经触发下折线，触发下折，投资者就绝对不能买，即使行情是大反弹，买了也马上亏一半，这属于技术上的投资误区。

总之，在市场大跌后，投资心态最容易不稳定，从而产生错误的决策。因此，投资者特别要审慎对待每一次交易行为。做决定前，一定要三思，这是一时想法还是思考了很久，这也是对财富负责。

四、分级基金的九个层级，测测你在哪一层

红脸君

分级基金是近期最热门的话题之一，在销售有道留言板上也屡屡见到关于A、B、母基金的各种讨论，综合了实战及多篇资深理财经理的文章，我希望尽可能用白描的手法，把分级基金基础的事情说清楚。

第一层：基础的理解。

B份额向A份额借了钱（要给利息），投资母基金标的，从而产生了杠杆效应。

第二层：谁和谁交易？

母基金可以场外申购赎回，是投资者和基金公司交易（暂不提上交所分级）。

A份额与B份额是投资者之间交易，是在场内（交易所券商处交易）。

第三层：什么是下折？

网上一个案例说得清楚，哥哥（分级A）和弟弟（分级B）各100

万，弟弟借了哥哥的钱，共计200万投入，如果弟弟亏到了125万（B净值0.25），则必须交出他赔掉的75万（下折）。这样弟弟还剩25万，再次和哥哥配平后，再用50万继续炒股（转债分级下折净值不同）。

第四层：下折后A与B。

当下折后，A份额将会获得折价和利息收入，部分收益将以母基金形式兑现。B将承受所有的溢价和利息部分的损失。

上轮下跌，在2015年7月8日有基金触发下折，则2015年7月9日将停牌1小时之后，A、B份额恢复交易，明显B份额将要承受溢价的损失，但是因为9日当天市场大幅反弹，很多投资人希望抄底，结果买入了已经触发下折的B份额，因此很多人损失惨重。

第五层：折溢价问题。

很多投资者只知道分级有杠杆，但不知道还有折溢价。正如之前所说，在上折和下折的时候，折溢价也会消失。一般情况下，短期价格受B的影响较大，B的交易价格高受市场追捧，则会导致B高估，反之则会被低估。

有些市场下跌时，会发生极端情况，时常见到千股跌停的局面，母基金跌幅巨大，因此B份额理应跌幅更大，但是因为B份额跌停板是10%，因此溢价逐步提高。当触及下折时，溢价全部消失，所以B份额亏损极大。

第六层：分级基金套利。

在配对转换机制下，A+B合并价格将围绕母基金净值波动。当合并价格大于母基金净值，投资者会执行溢价套利，基金容易"长胖"；当合并价格小于母基金净值时，套利者执行折价套利。在上交所母基金可以场内交易的情况下，套利空间有一定压缩。

第七层：影响A的因素。

分级A存在约定利息，因此其具有先期的定价权（有期限分级更为明显）。A和B的折溢价率是一个跷跷板效应。就是一个债券（永续）+期权（二元期权即“非有即无”），其影响因素包括：

（1）市场利率；

（2）短期市场资金成本；

（3）B 端交易情绪；

（4）假期效应；

（5）约定利率；

（6）母基金下折距离。

第八层：影响 B 的因素。

B 的价格波动至少受到五个方面影响：

（1）母基金净值涨跌；

（2）市场当期情绪；

（3）A 份额约定收益及隐含收益率；

（4）A 折溢价情况；

（5）距离下折距离。

第九层：综合衡量标的。

理解到这一层的高手，不仅需要能够判断杠杆、期权的变化，还要对投资标的了解得更加清晰。比如，A 份额不同约定收益率对杠杆影响；银行 B 是不是比金融 B 更纯粹；医药 B 和医药 800B 为何规模增速快；一带一 B 和一带 B 的指数编辑区别等。

分级基金是一个有意思的投资品种，本身没有好坏，是金融产品中相对复杂的投资产品。建议投资人在专业的指导中，逐步渗透对该产品的介入，特别要把握好风险控制。同时，建议监管机构对分级基金投资人教育加强监管，在交易制度上逐步完善，真正让专业投资人获利。

第三章　满腹经纶——理财经理也是文化人

一、银行春节贴什么对联

兜兜转

春意盎然，万物复苏，又到了一年迎新春的时候，不能忘了写春联。

春联是一种对偶文学，起源于桃符。言简意深，对仗工整，平仄协调，字数相同，结构相同，是中文语言独特的艺术形式。

其实，春联对仗撰写是有秘诀的。下面我们来一起读：

天对地，雨对风，大陆对长空。
山花对海树，赤日对苍穹。
雷隐隐，雾蒙蒙，日下对天中。

平仄平仄平平仄，仄平仄平仄仄平，仄仄平！

很好，你已经可以入手了。当然，不妨先了解一下古人的作品：

清代老太监见到纪晓岚冬日执扇，于是出了上联：小翰林，穿冬装，执夏扇，一部春秋可读否？

纪晓岚哪受得了这个，给南方口音的老太监对道：老总管，生南方，来北地，那个东西还在吗？

唐玄宗宠臣杨国忠，曾要难为李白，邀其三步对句，出了上联：两猿伐木山中，问猴儿如何对锯？

说罢，杨国忠就想赶紧走三步，结果李白先人一步：一马隐身泥里，看畜生如何出蹄！

搞金融的朋友如何写对子？比如银行：

千百万户　户户皆是储户

七十二行　行行不离银行

这个对子可以百搭使用，如果增加点年味，不妨看这个：

金猴献礼家家顺利客户经理助您财富亨通

喜鹊闹春事事吉祥某某银行愿您新年快乐

当然也有更直白的：

银行存款年年涨

中收业务节节高

再看看写出了各行特色的春联：

农业银行：

农沐春风　春风送暖千畴绿

行标金穗　金穗飘香五谷丰

建设银行：

建行连各业各业连建行建行活各业兴旺

国家为全民全民为国家国家昌全民幸福

工商银行：

工商行来来去去攘攘熙熙个个亲亲热热

网点多取取存存方方便便人人喜喜欢欢

能不能给某项业务也写个对联？比如：定投。

削峰填谷 储水备涨 小笔资金能大用

聚沙成塔 定期定额 坚持投资可增值

横批：请君定投

二、古人的理财智慧

兜兜转

现代人有个重要的投资理念，是巴菲特讲的“在别人贪婪的时候恐惧，别人恐惧的时候贪婪”。而我国战国时期，白圭就已经提出“乐观时变，人弃我取，人取我与”，真是传统的智慧。

据说文豪苏轼，降为团练副使后，每月俸禄仅4500文，于是分成30份，每天取用150文。如果用不了的则放到一个桶里，作为结余。这样的理财方式也是传统工资理财的方式，避免成为月光族。

儒家经典《大学》里有一句话：“生财有大道，生之者众，食之者寡，为之者疾，用之者舒，则财恒足矣。”讲的道理朴素，开源节流、勤奋生财、用之有度。

有个重要的理财案例是《红楼梦》中的曹雪芹笔下的王熙凤，理财理念十分先进。

1. 贾府收入

房租、地租、俸银、俸米、萌荫赏赐。

2. 贾府支出

贾府的吃穿用度。

3. 投资渠道

（1）不动产：购买房产地产；

（2）PE：投资私塾；

（3）LP：联合他人投资；

（4）发放贷款，进行隔夜拆借。

4. 理财手段

（1）延缓佣人丫鬟的薪水发放；

（2）缩短收款期限，延长还款期限；

（3）取暖费用和宴席上减少。

根据记载，临安城有一次失火，裴姓商人商铺着火，但没有马上去救，而是采购竹木坚瓦。结果最后数十倍的盈利于自己的损失。这与在房屋损失，而大规模购买建材板块异曲同工。

古代帝王的一些理财之道也有大智慧。比如我们一直猜测，帝王昭告天下选秀女进宫，未婚嫁的女孩均有可能选中，结果造成什么？

老百姓唯恐选上，于是纷纷嫁女。嫁女既要成婚，成婚将有后人，于是人口增加，弥补劳动力不足，促进经济发展，缩短人口周期。

古代人竟然也有这么多不为人知的理财技巧。

三、公募基金起名的学问

兜兜转

这两年一大波基金陆续成立，据不完全统计，截至2016年二季度，已经有3000多只基金出现在人们的视野中了。基金数量已经超过股票的数量，实在让人叹为观止。兜兜转周末闲来无事挖掘基金时，忽然发现一些有趣的基金名字，供读者茶余饭后悦读。

1. 最爱国的名字——“中国”字眼基金

已成立的公募基金，有“中国”字眼基金共25只：中国优势（上投、东方）、美丽中国（中银、东海、国投瑞银）、盛世中国（华泰柏瑞）、平安中国（北信）、创新中国（建信）、安心中国（汇添富）、汇聚出了中国梦（银华）。

2. 最常用十五大词汇——“内需”“领先”“优势”“责任”“价值”“精选”“主题”“红利”“战略”“增长”“核心”“优选”“策略”“轮动”“增利”

标准格式：公司名＋常用字×2＋类型＝基金名称

3. 最常用的字——“新”

新经济、新产业、新起点、新收益、新活力、新思维、新常态、新动力、新兴、新鑫等。

4. 比较直白的

农银低估值高增长、前海开元股息率100强、国泰安康养老定期支付等。

5. 比较对仗的

宝盈泛沿海——前海大海洋

中邮双动力——万家双引擎

有机增长——先进制造

积极配置——成长价值

6. 系列型的

广发“聚”字基金：聚富、聚丰、聚瑞、聚惠

长盛“同”字基金：同德、同盛、同智、同益

国泰“金”字基金：金牛、金马、金鹰、金鹏

……

7. 各家批发的

移动互联、城镇化、非银、高端制造、低碳生态、新兴产业……

分级基金“B”的。环保B、有色B、非银B、券商B、恒生B、传媒B等。

8. 比较像私募的

弘泽、弘利、瑾泉、睿元等。

9. 比较像保险产品的

华夏永福养老理财、国泰安康养老定期支付、上投天颐年丰等。

基金的名称目前的趋势越来越直观，越来越向个性化发展，最近大成、中欧等基金公司的名字有一些起得有水准。不过最近有投资者调侃：看到××民族新兴混合基金开始发行，以为是给少数民族准备的。

名字是一个基金的第一印象，希望基金公司能够起有特点，好记忆，易理解的名字。

四、广告语中的学问

对门老李

我从销售的角度，总结一下广告语中的学问。

好的广告语有很多类型，创造广告语与要表达的境界有关。我们常见的广告语都是中规中矩的，比如：

“盛世中国，四海太平——太平人寿。”“唐时宫廷酒，盛世剑南春。”“一切为用户着想。”

这些广告语不能说不好，但是多少有些落入俗套。曾经有一次，有个企业老总找策划，说他们的广告语准备是“挑战新时代。”这样的广告语，完全没有站在客户的角度去考虑，客户才不管你挑战不挑战新时代呢！

那天在街边的彩票店看到一个广告，印象颇深：“多买少买多少要买，早中晚中早晚要中。”这个广告格式对仗，寓意贴切，符合人们购彩心理，往往能够激起人们的尝试欲望。

一般来说广告语分成五种类型：

1. 双关型

代表的有：“羊羊羊，恒源祥。”“想知道亲嘴的味道吗?”，等等。这样的广告，生命力靠哗众未必取宠，双关的两个角度要有思考的过程。

2. 励志型

这样的广告，运用在激情的产品中，容易产生共鸣。例如“Just do it!”“国安永远争第一!”等，通过口号能够达到与受众同步。

3. 遐想型

让客户感知未来的欢乐“我就喜欢！更多惊喜更多欢笑，尽在麦当劳。”“就在这一刻——柯达。”这样的广告语特别容易点燃客户的想象。

4. 场景型

把客户带入场景，然后马上反应出该产品。最典型的是“怕上火喝王老吉。”“孝敬爸妈，脑白金。”“困了累了喝红牛。”这样的广告往往比较精准，因为设定场景之后，竞争者反而少了。

5. 综合型

有的广告则把场景+遐想+上口性结合到一起，比如“白天吃白片不瞌睡，晚上吃黑片睡得香”，效果更佳。

广告语清楚简单、容易阅读、用字浅显，符合潮流，内容不抽象，换位思考才更容易让受众接受。

第四章 居安思危——理财我们是认真的

一、股民入市防骗必读

兜兜转

社会中被骗的，大多是心有贪念之人，股市亦然，进股市的目的很直接，就是想赚钱，你说你做股票是为了世界和平，估计别人会笑到内伤。警察经常教育大家，凡是让“先交钱”的大多都是骗局，可是想想股市，就是这样的。

今天，作者总结了基民的防骗技巧，以供读者参考：

1. 如果有人让你基金“高抛低吸”，请别相信

高抛低吸绝对充满诱惑，但是什么高是高，什么低是低？低位买入会不会有“地下室”？有人跟你聊起来基金高抛低吸的策略，可要慎重，股票型基金一来一回 2% 的手续费，一年折腾五次，10% 就没了。

2. 如果有人说某基金要分红了，赶紧买入，请别相信

基金分红，净值自然下来，无非是左口袋进了右口袋。如果你选了现金分红，就更不幸了，因为你要为分出来的钱白白付出手续费。

3. 如果有人告诉你某个基金“便宜”适合买，请别相信

所谓基金便宜，一般指的是净值低。净值低的基金未必比净值高的基金涨得快，因为基金净值是由一揽子股票价格、发行时点和历史分红决定的，不存在便宜和贵的问题。

4. 如果有人说某只货币 7 日年化收益高，劝你买入，请别相信

因为 7 日年化的指标是一个短期衡量货币基金收益率的指标，只要在过去7天有一天收益奇高，就能把这个指标顶到很高。这个指标只是衡量过往，而不是未来的预期。

5. 如果有人告诉你保本基金绝对保本，请别相信

保本基金保本的条款是有很多附加条件的，比如只能在认购期和指定开放日购买，才能享受保本（平时申购不算）；比如必须持有三年（或者两年）才保本；比如有的保本不保手续费，等等，一定要事先搞清楚。

6. 如果有人告诉你只要长期持有就好了，请别相信

基金是一个需要有长期持有心态的投资品种，但是考虑到国内股市的弹性以及资金的使用需求，长期持有未必带来丰厚收益。因此，特别建议投资者设立止盈点，做好基金的定期检视。

7. 如果有人告诉你买基金就买大品牌，请别相信

基金投资不完全就是名头大的公司业绩一定好，由于一些老公司产品线较全，总容易东方不亮西方亮，所以不同市场风格下总会有个别亮点基金，但你未必能碰上。选基金，更重要的是选择基金经理。

8. 如果有人告诉你股市下跌的时候不要买基金，请别相信

股市下跌的时候，有一种基金操作方式是一定要坚持的，就是基金定投。定投的逻辑就是越跌越坚持，不断平摊成本，市场好转之时就是盈利之日。

9. 如果有人告诉你分级基金A类股市里买一年保6%～7%，请别相信

分级基金A类约定收益一般为6%～7%，但是一旦上市交易，会根据供求、B类份额变动而改变，所以价格也会出现波动，短期持有出现亏损的可能性也是存在的。

基民入市，要擦亮眼睛。虽然基金市场多是申赎交易，而非投资者间直接交易，所以风险比股市相对小一些，但是，对于投资者来说，更多的是要养成良好的投资习惯。

二、销售产品要对得起心底的道德法则

一班长

曾经一则 P2P 网站的“跑路公告”让一班长觉得很别扭，后来当中晋资产、E 租宝等越来越多的平台出问题时，班长变得不再淡定。

曾经宣称自己“只会跑步，不会跑路”的投融资平台，竟然“跑得”如此从容，让人实在笑不出来。想想其背后投入血汗钱的投资者，作为金融行业一个从业者，深知背后多少个家庭将受到影响。

想想在现实中看到一些不良机构的金融产品销售者，打着宣传的擦边球，误导着消费者，一次又一次地突破了藏在心底的道德底线。

金融产品不同于快消品，在饭店吃一次地沟油，认了！买到伪劣的包包，忍了！但是，一次高风险的金融产品足以让一个家庭与幸福产生距离。

近年来，随着余额宝为代表的一系列现金管理工具的推广，让以前看起来神秘遥远的货币基金和老百姓的生活息息相关，本来货币基金只是投资间歇期流动性管理的工具，现在可以应用于直接购物、还信用卡、交水电煤甚至转账等。这些功能在帮助用户体会便捷性的同时，也给了一些不法分子，披着“互联网金融”外衣的骗子一些可乘之机。随着这些不良产品的鱼目混珠，在竞争中，我们发现金融机构的市场营销手段变了味道。

P2P（点对点网络借贷）这种本身高风险的产品就是应该有着高收益的特征，只是部分无良的 P2P 公司做广告时，无限放大自己公司完善的风控和产品的安全。作者亲身经历，某平台甚至标榜自己和某银行理财产品是同一款产品，导致很多客户认为这就是一个高收益无风险的产品。殊不知 P2P 这种小微贷款平台上，聚集的更多是在银行无法获得融资的机构，再加上当下实体经济的下行，不得已高息融资。这些未说明的情况，导致

了 P2P 公司“跑路”之后的各种凄惨事件。

近年来，随着生活环境的恶化，人们的保险意识越来越强，很多有钱人都去香港购买境外保险，这时，微信朋友圈开始出现很多关于“香港保单风险直击”“香港保单的 7 大风险”等文章。另外，一些拿到香港保险代理的公司，则在写一些比如“香港保单和大陆保单的客观认知”等文章，虽然题目较客观，但是文字之间满是反驳内地保单好于香港保单的意味。

其实，在一班长看来，香港保单和内地保单并非水火不容二选一的存在，比如香港并没有国内那么多银行背书的理财产品，所以香港保险的理财功能产品要优于国内的保险公司。如果单纯以保障性功能来看，香港的人寿保险加内地的重疾险是一个不错的组合。因为香港的寿险性价比较高，又可以以美元计价，而且可以杠杆融资，反观重疾险从费率上和大陆差不多，而且指定的医院比大陆少。

再看我们经常接触到的基金产品，银行理财经理每天都会收到各个基金公司的宣传单，内容无一例外，每一个主题行业都是未来 5 ~ 10 年中国的支柱，每一个指数都最能代表当前的中国资本市场，每个研究团队都具备自下而上和自上而下的选股能力，每个基金经理都有着过往优秀的长期业绩，再不然就是各种流行词充满着每一页宣传材料。

其实自打 2008 年开始，投资者就在被基金教育着。当我们拿到一份这样的基金宣传材料，我们是否应该给客户看？应该给客户看什么？说实话，当下信息发达，客户的手机每天都被各种机构发来的信息充斥，看到这样的文案跑来喊着买基金的人真心少之又少。

当下的金融营销究竟要说些什么？客户选择金融产品其实是风险的匹配，为什么私募基金不能像公募基金公开做产品宣传，必须是针对合格客户的定向告知，就是因为私募基金的复杂金融工具的使用。

设置清盘线的基金，对于大众客户来说属于高风险的产品，像今年股灾时清盘的几只基金，并不会引起多么大的轰动，因为此类基金本身就是高风险、高收益，而且有着一定投资门槛的产品。投资顾问在操作时，应该假设持有的客户都是能承担高风险的。

话说回来，揭示了风险会带来销量上的下降，但一班长看到过太多的人，因为市场的火热将养老的钱拿出来投资从而赔得血本无归，所以班长一直坚持金融产品营销最重要的就是因客制宜，理财经理要多多用换位思考的方式向投资者提示风险，我们做金融最应当具备的品质不就是善良吗？

最后又回到“销售有道”最初的梦想，俗话说“道可道，非常道”，销售需要狼性，但是金融销售更需要的是“有道”，这个有道并不是有办法可以卖得更多，而是有坚持、有信仰、有方法的让合适的客户更接受合适的产品。

这个世界上唯有两样东西能让我们的心灵感到深深的震撼：一是我们头顶灿烂的星云，二是我们心中崇高的道德法则。

三、保本基金不是完全无风险

道哥

保本基金为什么热卖，吸引力在哪里？

1. 保本

保本基金与不保本基金，对于一般投资者来说是完全不同的两种东西。就连基本刚性兑付的银行理财，很多客户也只选择保本的。

2. 谨慎心态占主导

2015 年 6 月，市场大幅调整的惨痛记忆还未消散，整体风险偏好下降。一朝被蛇咬，三月怕井绳。

3. 过往业绩亮眼

保本基金仓位不高，市场下跌期间仓位可快速调整，更灵活应对，在“资产配置荒”的背景下，长期业绩亮眼。

以现在发行期某保本基金宣传资料看，公司旗下保本基金，今年以来平均收益14%，近三年累计收益33.6%，平均年化超10%。

对于市场热捧的东西，道哥还是持偏谨慎的态度。保本基金是不是就真的没有风险？我们应该对其抱有谨慎的态度。

1. 债券低票息带来挑战

近期新保本基金扎堆成立，在成立初期，权益类市场没有趋势性机会的前提下，只能选择债券做安全垫。而现阶段债券票息收益较低，一年定期已经降到1.5%，债券利率下行空间有限。同时经济低迷，信用事件不时爆发，对于保本基金安全垫的积累都是挑战。

2. 流动性可能带来损失

保本基金都有保本周期，一般在2～3年不等，只有持有到期的客户才能保证本金。但是很多客户对自己资金缺乏规划，中途赎回，也会发生本金亏损的情况。

3. 预期过高导致的不满意

保本基金发售宣传中业绩较吸引人，尤其运作初期可能与实际落差较大，导致不满意。

一方面，可能是因为截取的数据不全面，重点突出好的年份收益。另一方面，完整运作期内整体收益以及年化收益，这两个数据一般也不错。三年时间，大概率能搭上一波市场较好的时期。

但是保本基金在某个阶段，尤其刚成立积累安全垫阶段或者股、债都较为疲软时，收益也不见得理想。比如，2012年17只保本基金平均收益4.24%，2013年31只保本基金平均收益1.91%，都不见得那么亮眼。

所以，对于保本基金，销售有道建议：

首先，一定要认同三年或两年的投资周期。

保本基金的保本周期一般为三年或两年（触发约定条款除外），提前赎回不承诺保本，因此，三年是一个需要客户认同的长期投资准备。投资者需要拉长时间预期，规划好资金的使用，尽量保证用长期不用的钱来投资。

其次，投资者需要降低收益的预期，强调在资产中的配置作用。

保本基金需要逐渐做安全垫，才能增加风险资产的比例。因此，尤其成立初期，净值增长不见得很明显。但是随着安全垫的增厚，可投资权益类资产不断增多，收益或逐步放大，比纯债产品投资更宽泛，还可以打新股，比股票基金更安全，至少保证本金。因此，投资者把保本基金当作低风险配置的部分，也是非常必要的。

四、股市可以赌，但赌前要想想自己是否输得起

兜兜转

当听到利好消息的时候，磨刀霍霍的部分股民往往又燃起了斗志，再次加大股市的投入，也打起了融资融券、股票配资等杠杆的主意。

不懂股市的人觉得这是在赌，懂股市的人知道这就是在赌。赌什么？专业的人赌政策、赌基本面、赌趋势、赌大众思维、赌自己的判断……非专业的赌运气、赌电视新闻、赌隔壁张大妈家二小子从特别准的渠道给的七手消息。

拿什么赌？赌这个字告诉我们“贝” + “者” = 带钱来的人。自然是真金白银的干货，输了可就是实打实的亏损。其实赌的性质都是一样的，无论在赌场还是股市，如果是自己的钱，刚开始在投资时，都是荷尔蒙上升，之前做的判断、立的规矩可能在一瞬间被当时的情绪所左右，人性的弱点一览无余。比如信用卡消费，刷卡很爽，还钱很辛苦；拿着钱买股很容易，但是想想这些初始资本赚得很艰辛。比如看好了家电去国美买，多半人买回来的不是当时自己看准的。

多说一句，为什么兜兜转老劝周围未经股市的人买基金？因为两点，一是基金经理的钱不是自己的，投资更客观；二是基金经理手里钱多，不

像散户就一笔，投资起来犹犹豫豫、战战兢兢。所以，平常有的投资人说，基金经理自己也要投资自己管理的基金，笔者就不是那么认同。

究竟股市可不可以赌？这有点像带着钱来到了澳门，你说呢？只是，我们既然投资股市，就别整天说赌、赌、赌，叫参与市场，或者“博弈”，就高雅多了。

股市中有没有博弈的技巧，当然有的。就算是真正的玩德州扑克，也可以通过记牌提升赢牌的概率，股市亦然。牛市投资，本身就是最大的技巧，因为在这个市场中，赢的概率很大。再辅之以对公司的把握、对技术的分析、对宏观的预测，这就是提升概率。

读者有没有发现，股市消息很多，牛市很准，熊市基本不准。不单是消息的问题，而是在股市的高铁上，允许你骑自行车，你移动的距离其实主要是高铁行进的距离。

当前股市上涨是符合各方利益的，看清这个大的环境，就知道这个市场可以参与，如果你专业，就找一些“风口”；如果你不专业，就跟着一些相对专业的人，比如各种正规的公募、私募基金。当然，投资之前，还是把风险的提示说到，既然来赌，要想想是否输得起。

进入股市都有一个好的愿景，比如最常说的，赚点零花钱、赚点学费，当然还有赚得财务自由。一轮牛市，很多人确实赚得盆满钵满，特别是那些胆子大的，一下赚了多少年的钱。但是，这些眼红不得，因为风险和收益总是同时存在的，换句俗话，看贼吃肉也要知道贼挨打。所以，参与市场的核心是，看看投入的资本，自己是否输得起。

有的年轻人，参加工作没几年，暂没小孩、收入尚可。在了解股市的前提下，加大杠杆，投身股市，一般人没有觉得什么不妥，只要他能想清楚，至多是输了几年的积蓄，推迟了一些生活计划，大不了从头再来。但是，如果已经不是一个人在战斗，必须要想清楚，投入的资本是不是输得起。给准备豪赌的投资人几个感悟的建议：

（1）就算消息再确切，亦不要赌到极致。多数股民还是听消息的，有的人不惜借高利贷来赌消息。在这里还是提醒，股市里没有一定确切的消息，如果确定的有，肯定也是违规的，现在大数据监察这么准，你投资个万儿八千无所谓，钱多了，还是风险很大的。

（2）自己初学入门，赌是要交学费的，所以投资金额要小。如果有值得信任的机构，初次投资金额要大，不要在尝试中把机会都耽误过去，最后大资金进去，牛市也就结束了。

（3）有了一些经验，不要天天给人荐股、诊股，一片好心，难有持续的好评价，还容易打乱自己的思路。

（4）不要拿着显微镜看这个市场，看清楚方向就不要担心短线。套用红脸君的一句话，大盘岂在朝朝暮暮。

（5）如果周围没有“股神”，就不要盲目赌，买些基金，好歹都是专门干这个的，一年2%管理费，和牛市收益比起来，确实不多。

谨此。最后还是这个观点，股市可以赌，赌之前，要看看自己是否输得起。

五、该相信“长期投资”还是“短线股神”

红脸君

A股在经历了几次暴风骤雨式的调整后，又以一个欧亨利式的结尾给股民留下了想象的题材。此后，央行公布的一季度货币政策执行报告，否定了“量化宽松”；证监会20家IPO（首次公开募股）箭在弦上；房地产贷款小幅回升；人民币有效汇率升值……一批重量级的消息接踵而至。

面对如此浮躁的行情，广大投资者是不是真的该“想想、静静”了。

往往牛市开始时，周围会发生很多的变化：比如微信里突然冒出了很多股票群组，一群老师在微信上指点江山；比如无论什么环境都能够听到早入市一个月的“老股民”给新股民上课，无论在街上、在桥下、在田野中；比如在交易时间，无论是在忙什么事情，总喜欢掏出手机看一眼行情，关心一下自己买的个股。

有一位刚入行的朋友曾经问我，为什么说股市里有“七个人赔钱、两个平手、一个人赚钱”的规律。我听说这个规律也好多年，没有验证，但是长期下来赔钱的人似乎是多数。如果让我理解，我会从投资心理的角度去解释：

多数人投资，都是倒金字塔形的。一开始入市一个试探心理，随着盈利逐步加仓，而牛市总会结束，于是很多人重仓会套在顶部。在套牢后，一半投资者不会止损，喜欢补仓，还有约三成投资者止损后，在反弹后会选择回来。比如，2007 年买股票和基金的人最多的时候，并非 6124 点时，而是跌到 5000 点再反弹到 5500 点之时。当然，还有这样一个现象：牛市中，赚钱的人喜欢分享心得；熊市中，不忌讳说亏损。想想也是，牛市说亏损，挺丢人的。

关于“短线股神”。曾有朋友留言，说要赎回基金，原因是有老师短线做得好，荐股特别准，最近给了几个“消息”，先进股市搏杀一把，所以问问赎哪几只合适。

“股神”这个名号有些大，除了巴菲特，还没有人担得起，巴菲特还是价值投资者，我们还是称之为“短线高手”吧。

短线高手一定是有的，但也是凤毛麟角，比如某某报道某散户，3 年翻了 50 倍，等等。但是对多数人，这种情况都是出现在一段周期内的。其实很多人投资都会有这样的情况，一段时间很顺，投什么赚什么；一段时间不顺，总是踩不准节奏。不过牛市中，踩准节奏的概率要大很多。另外，还要承认经历过多轮牛熊转换，宠辱不惊、克服人性弱点的高手，确实也会略胜一筹。还有能参悟出各种理论的高手，也是能够提高判断概率的。但是，这样的人确实不多。

在市场中，一般投资人总喜欢寻找抓手。刚入股市，往往两眼一抹黑，寻找高手是最常见的心理。而这个时候，高手自然会出现。

其实，判断是否是高手，最好不要仅仅听其对理论的解读。判断标准很简单，大概率地能够帮你赚钱的，就是高手；反之，则是纸上谈兵。笔者在十余年前曾有幸被公司指派媒体解盘，因为水平有限，想想当时被叮嘱最多的是：观点要鲜明、荐股莫单只、理由有逻辑、对的反复说。当时还反复看唐能通的视频，手画K线，现在估计很多人已经不了解这些了。

不过，总是年年岁岁花相似，岁岁年年人不同。所以总结下来，发现专门研究股市的短线趋势投资者，往往都会经历几个阶段，四处学习—小有成绩—自信爆满—粉丝增长—量化研究—开始反思—顿悟升华。在这个过程中，甚至可以经历粉丝都比自己更相信自己的阶段。不过，当烟消云散的时候，会感觉到，我的步伐迈得再大，走得再快，也是因为当时站在股市“高铁”上。

相信股市有高手，价值投资者居多，像王亚伟这样的，无论是真价值还是“伪价值”，都可以让股票上涨。短线高手有，但多数是“桃李不言，下自成蹊”，你未必碰得上。

再简单提一提“长期投资”。这个理念绝对可以让投资人在牛市中赚得盆满钵满，在熊市中，让资产灰飞烟灭。所以，这一轮牛市，没有人再敢明确地提“长期投资”了，提怕了。

我记得2007年有首歌，叫死了都不卖，说的就是长期投资。其实，客观地看，长期投资是有前提的，一看标的，二要止盈落袋。特别在牛市中，投资股票，博短线，赚钱很难的！而拿得住，反而容易在牛市中收获，但是天天看盘，要拿得住确实不容易，这又是人性的弱点。

啰唆了这么多，总结几条干的，给读者参考：

（1）牛市中一般投资人不要折腾短线，借用那句话：短线是银，长线是金。

（2）如果在高点股票上还没挣到什么钱，还是买基金吧，看看基金相对于股票的涨幅，确实不错。

（3）长期投资当前还是要坚持的，只是，挣到止盈点，可以把盈利转出来，投一些低风险品种，落袋为安。

以上的感悟一定有一些朋友有异议，不过有不同意见是好事，市场需要有不同声音。红脸君水平有限，希望不要影响到理财经理的价值判断，不对的地方，还请多多指正。

第五章 理财江湖——人在江湖飘小心别挨刀

一、“江湖人”的理财产品小广告，让十年资深策划汗颜

对门老李

今天老李要说的是一张电线杆上的广告：

是不是看着很眼熟？对，就是你记忆深处的小广告，还是那个味儿。猜想读者会讲，这种黑白广告如何震惊？让老李讲解一二：

此广告最亮眼之处，窃以为抓住客户痛点！理财客户痛点是何物？收益和安全。君请看，满纸围绕这两点在撰写文案。

产品名称激发投资想象：此产品名为“低碳电子美丽亚伟优选资产集合理财计划”，一个名字涵盖信息太多，低碳——富国低碳，电子——长

盛电子，美丽——国投美丽中国，还有亚伟，估计你不会想到亚伟速录机，而是大名鼎鼎基金经理亚伟优选的产品。

擅长从客户角度喊口号："保本才是硬道理"，由产品发行者喊出来，深度认同背后，让人多了几分信任；"恐惧时贪婪，贪婪时更贪婪"，实乃契合了人性的弱点，容易煽动读者情绪。

收益够抢眼，安全更亮眼：半年100%的收益足够抢眼，但估计自知经不起推敲，并不在此做文章，而是反复强调安全。"保本理财""刚性兑付""保本才是硬道理"说得冠冕堂皇，投资经理工作11年半的经历，也是为了证明是安全收益的保障。

反复说明认购方法：广告页头说明了认购方法，广告页尾再次强调，此举更有利于客户加深购买印象。首尾呼应是一种很有效的传播方式。

强调专业性：理财产品是一项专业性很强的产品，该小广告手法也运用成熟。"对冲策略"放置在文中中心，实为强调；"金牛产品""花尔街""人民广场支行"等字眼更是借专业机构之名，来借势营销。

语言接地气："高额收益""诚信公司""不跑路"等字眼让投资人一看就能明白，与专业词汇同时使用，实在是相得益彰。

能够换位思考：提示中提到"为投资人保密""切莫走错""节假日不休"，让投资者感到实实在在的关怀。

这些小广告，诚然不能小觑。加之其成本低，区域性强，张贴方便等特点，更容易精准传播，不得不说，"江湖人"一定会有江左梅郎这样的高手啊！

注：本广告纯属虚构，但是大道至简，玩笑之后希望能够帮助理财经理领悟理财产品营销的技巧。

二、我是银行管基金的"老炮儿"

红脸君

一到年底，电影就喜欢怀旧，就像人上了岁数也喜欢怀旧。

一部电影《老炮儿》，看得我畅快淋漓，好久没有看到这么提气的作品。人生如戏、戏如人生，绷得住，守规矩的江湖道义，让人感觉陌生而又熟悉。

突然觉得“莎老头”那句话真对！一千个人心中有一千个“老炮儿”（哈姆雷特）。

我在银行工作了小二十年，银行业务不敢装大，资格比我老的多了去了，但是管基金，还愣找不出几个比我年头长的。在这条线上，自诩一个“老炮儿”。

这些年不知参加了多少次培训，也记不清见过了多少基金经理，有点像电影里的鸵鸟，一直在奔跑，但是抬头一看，这个世界真的变了。

进入国有大行，先被分到了支行，待了两年又被抽到总行，待了一年，最后被留在了省行。当时恰逢有基金开始代理销售，就干上了。一干12 年，到去年离开，离开的时候，多少有些感触，但也有些无奈。

如果让我拍脑袋考虑对基金的感觉，可以分成三个阶段。

1. 2002—2006 年

那个时候，基金在人们眼中绝对是一个高大上的东西。人们分不清楚“基金”和“鸡精”，分不出“基金经理”和“渠道经理”，搞不明白“认购”和“申购”。带着懵懂、带着憧憬、带着惴惴不安的神情就成为了我们的客户。

说也奇怪，按理说人们那个时候多数都不懂，但是没听说哪个分、支行有客户投诉基金赔钱了，哪个支行喊着任务重。客户赔钱了就放着，挣钱了就高兴，这一幕幕就像黑白片里的人物，真实而又简单。

那时候接触的基金经理不多，因为全国一共也没多少，估计也就 20 多家公司，100 多个基金经理。明星见过几个，刘青山、吕俊什么的，当时业绩还不错，印象中说话气场比较强。

交流最多的是渠道经理，多是三十岁左右的年轻人，打扮都很统一，西装、眼镜、电脑包，喜欢跟你分析股市，有点像《老炮儿》里面的皮衣。当时的渠道经理不穿上西服，别人都怀疑你不是基金公司的。

那时候常去二级分行，基本上我会去机场接上渠道经理，然后挨个地市地走。印象最深的是，那个时代的渠道经理演讲水平特别高（可能是当时很少听演讲），到哪儿都能把客户和客户经理镇住。

2. 2007—2010 年

这个时期算是基金最火的时期了，虽然股市未必那么火。

2007 年的大牛市推高了总行对于基金业务的预期。据说总行 2006 年的时候还在琢磨，是设一个基金处，还是设立彩票处。最后，基金处好歹算是设立了，结果 2008 年的中收任务剧增，而行情暴跌。

2008 年的时候是我压力最大的，客户抱怨，客户经理抱怨，有的分行干脆表态放弃基金业务。总行的压力在那里放着，下面的意见在那里顶着，当时感觉工作没法做。想来想去，那年搞了两个东西出来：一个是基金定投；另一个是基金诊断。

基金定投就是平摊成本，现在看看真是个好东西。记得当时有几个台湾人，全国各地讲定投，带着客户经理一起喊：越跌越要笑出来！有点传销的意思。现在不迷信台湾老师了，与大陆的老师各有补充。

当时从商业的角度看，定投成就了培训公司，而诊断成就了软件公司。不过那个时候确实有这个需求。行情从 2008 年年底又转暖了，有点像 2015 年 6 月暴跌，9 月回暖一样。那个时候，大盘股猛涨，结果……最后都套在了一批指数基金里。

那个时候基金公司的基金经理人数也多了，但是出来的不多，也没有听说什么离职潮。总行给我们路演多是基金经理，平常基金公司也喜欢邀请各省分行一年开一次会。不过，渐渐地，我发现原来管基金的那批老人开始换了，新人出来了一茬。

基金渠道在这个时期，基本上省行来的不算多，已经直接去二级行或者跑支行了。那个时候，营销上还算是中规中矩，和后来的模式有着比较大的区别。主要原因是那个时候，投资人选择的品类少，基金也比较认。

3. 2011—2015 年

这个时期，基金多了，也真的不好卖了。

每天我这边的事情就是定中收、下任务、搞督导，一天比一天忙。忙归忙，还不出量，条线也越来越不受重视。所谓“存、保、金、基”，基金已经是最末一位。

究其不好卖的原因，我离开前还给领导作了一个分析，主要是：

理财产品丰富，客户选择多了，信托、理财、私募、P2P 都出来，选基金自然少了。股市这些年除了 2014 年中到 2015 年中这不到一年时间，基本上算熊市。互联网金融方便了，买基金渠道多了。基金发行数量多了，顾不过来了。热门创新产品不在银行卖了，比如分级基金、定增基金、股权基金。

当时领导看了没表示，就没下文了。不过客观讲，基金毕竟对资金的使用效率比较高，而且长期看，比一般人炒股还是强不少。昨天看了一个数据，所有基金，自成立以来，不赚钱的基金只有 129 只，这其中，125 只还是 2015 年发行的。所以，对于投资基金客观的看待也是应该的。

现在虽然不管基金了，但是还是希望基金那些好的规矩能够传承下来。比如，基金经理成熟睿智，奔私前要想清楚；渠道经理能经常冲到一线多做交流；基金产品不是那么花哨、对市场有效等。

市场有它的规律，“江湖”也有着自己的规矩。我们这批人管基金，管得不好，大量客户的涌入都在高点了，真是惭愧。

对市场敬畏，还是向市场妥协，也许新的一批接棒者会比我们交替的更好。对上扛得住总行压力，对下指挥出个方向，对客户能够帮其多赚点、少赔点。

这不是江湖，却又和江湖上一样，是个责任。

三、细数那些我们见过的“股神”

兜兜转

在最近的证监会新闻发布会上，最大的看点是“证监会提醒投资者不信谣、不传谣、不盲从”“一些不法分子通过捏造虚假信息引发的市场大幅波动，将组织专门力量，协同公安机关认真查处，依法打击”。

对于监管层这次出手，能够感受到，规范市场行为的行动将从机构，逐步扩散到对民间的规范。最近有句俗语，叫作“男神秀肌肉、女神秀美腿、股神秀收益”，在微信和互联网金融的浪潮下，这一轮闪现的“股神”更是代有才人出。

在大盘重上 5000 点之际，我们回想一下，那些曾在牛市中闪耀的“股神之星”。

1. “杨百万”

杨怀定是从各地倒腾国库券起家，简单说就是某地的便宜收了回上海来高价卖。20 多年前很多事情和现在完全相反，前两年是一有国债就通宵排队买，而 20 年前被称为国库券的国债却还需要摊派。“杨百万”瞅准差价的商机，赚了第一桶金。

2. 南雷北赵

赵笑云就是北赵里的赵。比赵云多个笑字，于是笑傲江湖了好多年。据说，赵笑云 1998 年到一个中等城市去做股评会，其实就是去忽悠人成为付费会员，当地官员打出横幅“欢迎中央首长视察”，很是虔诚。本人当时没在现场，权当是个笑话吧。

南雷叫雷立军。不高，文静，话不多，逻辑条理清楚。此人很是可怕，因为能把逻辑清楚的人也给忽悠了。南雷也消失了，后来他去了一个股评公司，但一山不容二家，彼此对付不来，就又离开了。再后来就没了，反正他也没股评执照了。

3. 神光孙成刚

孙成刚一直是山东神光的灵魂人物。在创立山东神光的10余年间，孙成刚将神光打造成中国证券咨询业赫赫有名的企业。其间，孙成刚本人一度在“十大最受欢迎股评家”的评选中名列榜首，并被誉为股市“名嘴”，其独创的股市“神光预测系统”在咨询界独树一帜。而他成为“以个人名义违规买卖股票”的第一人，也让市场大跌眼镜。

2006年1月至8月，弘信公司接受38名客户委托炒股，涉及资产达人民币1350余万元，弘信公司获利30余万元。2012年5月12日，弘信公司及孙成刚被检察机关提起公诉。法院审理后认为，弘信公司和孙成刚未经中国证监会批准，擅自从事证券资产管理业务，并通过媒体广告等方式招揽客户，已构成非法经营罪。

4. 唐能通、花荣、林园

本人不确定这三位是否能够放在一起，客观地讲，当年唐能通的《短线是银》节目，兜兜转是认真学习过，很多盘口分析还是很有道理的。花荣，听其讲课有点江湖的感觉，不是太喜欢这样的江湖气。林园更有意思了，据他说，自己投资从来没失误，资产十几年间翻了25000倍。林园去年公开的一个500万元的实盘账户，一年下来市值变成1700万元，3倍多的收益。无论怎么样，都不耽误其募集了20多亿元做股票，只不过，后来就是2008年了，亏得一塌糊涂。

5. 带头大哥777

据说这位带头大哥777是1989年进入股票市场的，在股票市场已经搏杀了17年。做过10年职业操盘手，现在是职业投机者，涉足股票、期货、邮票、债券、古玩等众多投机领域，均有斩获。2007年“带头大哥777”的博客点击率已经突破910万，单日平均点击率超过30万次，而仅5月8日一天的点击率就高达46万。其个人博客点击率已经刷新了徐静蕾的“纪录”，堪称“中国第一博”。后来证实虚构履历，因诈骗被捕。

那个时代的“股神”为什么有时候说得特别准？举个例子，如果股神有500万，在当时可以把一只小市值股票拉涨停的。今天荐股，明日拉抬，一定会聚拢很多粉丝。如果有1000个人相信了，下次荐股，1000个人每人拿1万元试一试，结果1000万元就可以拉涨停了，原理大概如此。

现在也一样，如果你掌握500人微信群10个，则有5000人受你信息感染，这是一个道理。不过，这么做小心监管！

公认的股神就一个，巴菲特，还是一个价值投资者。中国跟股神有点沾边的是王亚伟，结果人家前段时间还公开劝没有研究能力的小散户“别买股票”。

在股市中，有能力做股票的，做好仓位控制，不能总是用赌博的心态操作个股。没有能力的，买些基金，参与资本市场的上扬，真正实现财富的增值。

四、一个金融销售人员的年终总结

君不见

来看看一个“金融销售汪”的年终总结 。

年初的时候，牛市来了，“金融销售汪”所在的公司在大力推动债券产品，根本卖不动。向领导解释为啥不出量，领导只说了一句话：你作为一个销售，一定要记住，“能把梳子卖给和尚的销售，才是好销售！”

求爷爷告奶奶好不容易完成了辖区内债券基金销售任务，开始了股票基金的销售。哇！疯狂的市场，很多销售任务几天就完成了，头一次觉得世界那么美好。

但是没过多久，客户开始投诉：“为什么你让我买的某某基金，和另外一只没让我买的某某基金，差不多时间成立，净值却比你们多一厘钱，解释一下，那个基金经理建仓了吗？买的什么股票，净值涨这么慢？一打开我就赎回买别的基金了。”好说歹说，“销售汪”赔着笑脸，答应请吃饭、唱歌，才安慰了对方“受伤”的心。亲啊，一定要留存三个月，让我撑过这个季度的考核。

可还没等到产品打开呢，市场股灾了，产品净值哐哐下跌，一天接到18个电话，都是各种客户打过来骂娘的，就差下跪磕头了。骂了两天，接不到电话了，因为所有的基金产品净值都在下跌，无力抱怨了……

尽管市场跌成了这副惨样，但是销售任务还是要完成。于是顶着血雨腥风，“金融销售汪”又提起电话，开始卖新产品了。这边拿着准备好的稿子说国家在救市，没有只跌不涨的市场，此时是建仓良机，那边市场就开始上演各种千股跌停，各种啪啪打脸。说到后来，“金融销售汪”自己都不相信自己了，“别人恐惧我贪婪”这事肯定只是传说。

代表公司参加某机构的年底投策交流会，来了超过20多家的基金公司代表，会议一直开到中午12点半，“销售汪”饥肠辘辘，想着终于轮到客户请我们吃个饭了，食堂也可以啊，没想到10分钟后，“销售汪”在寒风中默默地排到了路边加州牛肉面的队伍里……（真的不赏口饭吃）

一年频繁的出差终于攒够里程积分可以换一张回老家过年的机票了，“销售汪”心里不禁窃喜了一下。可又想起自己把准备买房子付首付的钱全部买了股票被套之后，女朋友已经和自己断然分手，没办法带回老家给爸妈看了。

为了明年能够升职加薪，“销售汪”问朋友需不需要去考一个CFA（特许金融分析师）。朋友说有家基金公司，除基金经理外，所有人都是CFA。

每次觉得在大城市混得还行，自我膨胀的时候，“金融销售汪”就会让中介带着看几套学区房，看完后就什么都清醒了，2016年还是继续好好工作吧！

最后，年底了，找个没人的地方，对着镜子，给自己磕三个响头，然后对自己说一句：您辛苦了！2015年您真的很不易，钱没挣到，苦没少受，人又变老了，尤其是这最后一个月，各种摧残和抓狂。记得，2016年要对自己好点啊！

五、我的基金销售回忆录——资深理财经理十年感悟

兜兜转整理

随着大盘围绕3000点反复确认，股市的声音比之前少了很多。其实这轮是不是牛市，跟个人盈亏没有什么大的关系，唯一有关系的是办公室里面对于股票议论的声音。大跌之前，恨不得人人皆炒股，大跌之后，与市场走势成反比。看着当下，想起当初，记录下曾经卖基金的点点滴滴，供朋友们茶余饭后品读。

我大概是2004年开始在银行柜台上销售基金的，不算最早的一波，不过想想也十年了。据更早的前辈说，2001年的时候卖华安创新，客户排大队买，没两个小时就卖光了。后来跟一些基金公司老人聊天，他们说一天就卖光的基金好像华安创新是一个，2007年什么广发大盘、华宝兴业行业精选、景顺精选蓝筹等一批，当然还有那年发的可恨的QDII（合格境内机构投资者）。

2007年QDII之所以说他们可恨，不仅是赔钱，而且让全国人民对海外市场望而却步，让我们之后卖QDII真的好难卖，其实也都是行里下任务，自己硬着头皮买的。不过说良心话，后面这些QDII，大部分都赚钱了。

2008年的华夏策略，好像也一天卖完了，主要是王亚伟的光环。后来就是一些创新的基金，比如长盛同庆、招商安盈保本、嘉实元和之类的。不过回头想想，一天卖完的，不见得收益就一定多好。前段时间听说私募王茹远三秒钟卖了16亿元什么的，只能先祝她幸福了。

扯远了，2004年我记得基金对大多数人是个新东西。当时好像刚提网点转型。那个时候，行里的政策是手续费全给个人，想想确实不低。如果你觉得不高的话，我可以告诉你，当时的某基金，内部员工购买是按照9毛2分卖，行里给补贴，拿到现在是不可思议的事。

2003年股市是五朵金花，什么博时跑得不错，直接导致2004年海富通精选就超百亿了，那个时候，百亿绝对是个很不可想象的事情。那一年有很多东西是创纪录的，比如刘翔12秒91的纪录（平世界纪录）也是那年创造的。

2005年股市特低迷，基金真的很不好卖。不过那个时候任务也不多，找几个关系不错的客户，“刷刷脸”也就买了。不过现在回想起来，每次都是“刷脸”的时候才是挣钱的时候。

2006年行情开始启动了，不过好像任何启动都是没有先兆的。每次启动的时候，都是伴随着很多质疑声，在这时，你要想成为股神，大概也很容易，比如那时候“带头大哥”也出来了。那个时候，我们网点陆续形成了一个买基金的客户小组织，有一个老先生，退休没事干，就研究基金。在牛市里玩基金总是一个风险不大的事情，我记得后来他还印了名片，什么基民投资会之类的。也不知道他这个社团注册了没有。那年在我们银行，最有印象的就是中行一个哈尔滨支行行长，盗取了企业十个亿的存款。我们闲聊还在讨论，如果这个让我们干，能不能干得来。

快到2007年的时候，到网点的人变得多了，当时拿三五百个号的情况也有过。那时候，行里成立了理财中心，开始服务所谓的高端客户。你还别说，高端客户买基金也挺狠的，特别是一些大姐，买基金就像是买干果，什么都喜欢要一点，我见过一个客户买了64只基金的，很叹为观止。当时我想建议他买108只，凑个梁山的团队，起上花名，特酷。

2007年中石油上市的时候，也是高点，记得当时新年贺词都是：“祝大家像中石油一样，去年48，今年18，越来越年轻。”刚才看了一眼大盘，嗯，更年轻了，十元出头吧。

记得那个时候卖几个QDII最疯狂，特别是上投亚太优势，很多客户都是从各行提了款过来买，不然抢不上啊。当时听说建行系统都卖瘫痪了。说起来，真是一把辛酸泪。刚入行的新人们可能觉得当时很爽，任务特容易完成，其实还真不如不完成，现在还套着呢！啥样的客户都见过，我估计很多同事都遇到过堵门口的吧，好在理财中心这样的事情还不多。

2008 年是挺迷茫的，一方面，行里的基金任务一下子上来了。现在看起来，任务量与新业务品种的反应总是落后的。我记得当时卖基金要在分行系统签到开通，据说，1664 点的低点那天，都没什么网点签到，不过也就是阶段最低。之后是四万亿元，现在回想什么估值、基本面都是白扯，政策、资金才是核心推动。于是乎，2009 年的阶段高点又给人们燃起了希望，不过这个时候，我已经变得泰然了，卖基金就像是修心，怀着真心不要功利，反而可以给你带来超预期的东西。

再后来，我维护的高端客户们距离基金越来越远了，什么信托之类的产品成了他们的最爱。大概也就是这个时候，理财、私募都开始玩命地上，想把 CFP 的东西移植一些。

2011 年，行里逐步降低了对基金考核的权重，好像降低的部分都加到贵金属上去了。说到贵金属销售，也有点和基金相同的意味。

2013 年，突然那个余额宝的东东出来，没有把持住，我也用了，不过确实挺好用的。虽然，我知道它就是个货币基金，不过也没关系，货币基金在我们行里都不算任务了。

2014 年，我们每周还在听新基金的讲座，还在了解这个市场。当 7 月股市启动以来，好像曾经发生的一幕又来了，很多人开始开户买股票，很多人还在传消息，更多人讨论着是不是该调整。不过，遥想我一点浅薄的经验，如果真的是牛市，第一，一般人最好还是买基金，不然多数人一定跑输股市；第二，长期拿着（熊市不敢说，除非他说保证不打死我），捂一捂还是能赚钱的。

2015 年上半年可以说是顺风顺水，好多人又成为了股神、基神，随着 6 月中旬的大跌，一切销声匿迹。一个客户在 7 月 8 日平仓之时，信誓旦旦地说再也不进股市。这种话我听过，2008 年就听过，不算新词。而 2015 年集中出现的打新基金，2016 年年初的保本基金，也像是昙花一样，如白驹过隙般地消失在人们的视野中。

到现在，你问我还卖不卖基金，我只能说你的问题没有技术含量，这个问题我们行长可以代替我回答。不过机会在哪个市场都有，看看你能不能帮你的客户把控住。

噢，啰唆这么多，我要服务我的客户去了，不然他们该不高兴了，有钱人总是很任性的。

六、不断突破你的想象的新三板上市公司

红脸君

当开心麻花申请在 2015 年 9 月 29 日挂牌新三板时，很多小伙伴再次惊呆了。新三板以资本的态度，容纳着那些潜力巨大的小众公司。

开心麻花凭什么上新三板？

2014 年全年演出 960 场，累计观众 50 万人次，销售收入 1.5 亿元，净利润 4074 万元。特别是，其在上海的演出刚刚开始，《夏洛特的烦恼》上映，正式 PK《港囧》，欢乐喜剧人栏目又给开心麻花团队提升了估值。这一切，为这家新鲜的三板公司提供了上市基础以及未来的想象空间。那么还有哪些公司上市新三板？

1. 曲向东——央视主持人

央视主持人再度热门，曾经主持过《对话》《经济半小时》的曲向东，昨日申请挂牌新三板（2015 年 9 月 30 日）。话说这位名嘴还有一个出名的事件，是在 EMBA 圈子中，组织“玄奘之路商学院戈壁挑战赛”，已经举办十届，主要内容不复杂，四天三晚穿越 112 公里无人戈壁。这项赛事为他的公司带来收入 1238 万元。所以，他的公司主营方向是，体验式培训，一家小众领域的新三板公司。

2. 冷笑话精选——飞博共创

听说过“冷笑话精选”的微博公众号吗？它的主人是 1986 年出生的伊光旭，目前正试图携“冷笑话精选”“星座秘语”等自媒体大号及背后 1.5 亿粉丝登上新三板。据说，1.5 亿粉丝一共贡献了 1912 万元收入和

526万元净利润，意味着一个粉丝贡献1毛2分收入。最近，该公司进行增资到1111.1111万元。当别人问他，为什么是这样？他说“我姓伊”。这样一家典型的新新人类特点的公司，也要登陆资本市场了。

3. 5年花了18亿申请新三板公司

多数人想不到，这家公司竟然是恒大淘宝足球。507粒进球，6座国内冠军奖杯，测算下来，每粒进球356万元。今年以来，恒大淘宝引进的保利尼奥、阿兰、高拉特都来自巴西国家队，保守估计上半年支付转会费应该超过4个亿。2014年淘宝出资12亿元获恒大淘宝5%股权，此时其估值24亿元人民币，那现在，这支球队值多少钱？

4. 国字号新三板公司

截至2015年9月，新三板挂牌的国企142家，其中央企10家，中央国家机关6家，国资委9家，地方国资委82家，涉及农业、金融、科技、医药等。比如9月上市的国家电力投资集团下属的中国康富，已经取得了48亿资金银行授信额度，这样的公司也在参与新三板。

5. 杭州青年歌舞团

这家舞蹈类的表演公司，2015年9月也挂牌新三板，总股本只有500万元，再次突破了人们对新三板的认知。

6. 一个做头发的美发公司

东田在娱乐圈还是有口碑的，曾经给王菲、赵薇、章子怡、李冰冰进行过形象设计。东田时尚也公布了其公开转让说明书，公司目前55家店，营业收入2亿~3亿元，美发和化妆为收入主要来源，运动健身也逐步开始壮大。

7. 只有十个人的公司

杭州奥沙科技股份公司，是个只有十名员工的企业，主营业务是用集成芯片和自动化技术。总之，很小众的领域，但是不妨碍其在三板进行融资。

8. 首日涨幅14倍的公司

2015年8月28日，中天超硬开盘价为1元，盘中最高到16.15元，收盘到15.01元，涨幅达到1401%。不过看到这个涨幅也没什么好羡慕的，因为基本没有什么太大的成交量，这就是新三板的另外一个特点。

现在准备上新三板的公司越来越多，有数千家公司还在排队中。新三板是个巨大的金矿，但也暗含着巨大的风险，投资人要选择时，需要做好相应的分析调查，避免上演新三板悲剧。

七、金融销售人员内心要霸气

对门老李

一直很喜爱陈道明这位演员，不仅是因其精湛的演技，还有他身上的傲骨。冯小刚对他的评价——一个清高得只肯在戏里低头的演员。

金融销售的风格，恰恰需要这样的一种境界。

故事一：

曾到过华北某地约见某行的一位资深的理财经理，有多资深？网点的名字以他的名字命名。尽管是正式的约见，寒暄背后能够感觉到对方的气场。这种气场并非傲慢，但多少有些程式化。

落座后，以资产配置开题，过渡到微观产品销售，从财富管理到宏观经济。话题渐广、心扉渐开，言过三巡、观点投机，聊了近两个小时，相谈甚欢，感觉受益匪浅。比如构建客户管理生态系统就是从他这里受到了启发。告别时，他有一句话让我感触良多"刚开始有所怠慢，老师无怪，我对客户亦是如此!"此后了解到，他在当地已树立个人理财品牌，请他理财的客户已是趋之若鹜。给他人如此印象之人，怎能不成功。从那以后就在琢磨，金融销售人员要给客户什么样的印象?

故事二：

某券商负责投行副总裁在提及当年做IPO项目时，客户均是拟上市公司董事长级别。其第一次接触时，从不会掩饰自己的气场，自信、言简、专业的三板斧很少失手。在他的叙述中，能感觉到那个沟通中的“霸气”。没错，是“霸气”。

金融销售人员不同于实物产品的销售人员，因为金融销售人员更多是销售一些虚拟的产品，这些产品的目标是实现客户的财富梦想。这就决定了，客户对金融产品的选择绝对是他们心中最高的标准。就好比我们可能会因为同情，去照顾寒风中销售鞭炮的老大爷的生意，但是客户基本不会因数月不开单的投顾找他而去买投顾的权益型产品。

金融销售人员在客户的眼里最好的形象是专家，专家可以外表文气，但是内心要霸气——基于自己专业的霸气。对待客户仅是唯唯诺诺，敬畏之心随着投资金额而势力，反而较难获取客户的信任。打个比方，客户出现单一产品亏损，忙不迭地给客户赔礼道歉，这一定会让你在客户的心里大打折扣。冷静分析、审慎思考，作出坚持或调整的方案，用希望安抚客户才是优秀的模式。

霸气并非“匪气”，也不是“江湖气”。霸气是对专业的自信，霸气是能够影响客户正确配置资产的气场，霸气更是给客户安全感的拐杖。

第六章 轻松一刻——理财天天好心情

一、我要报警了，这还是理财经理吗

对门老李

话说老李这日去银行不似往日，平常是交流培训，今儿是贷记卡丢了，银行打电话让我来取卡。这次是正经的客户身份。

白云观边上的一家银行，我跟着一位大爷进了大堂。大堂经理直接问大爷："您好，办什么业务？"大爷说："我不办业务！"

大堂经理马上警觉了起来。

"我取钱。"大爷说。

大堂经理泄气似的递了一个号给他。轮到我，我也入乡随俗，没等他问，直接说："我也不办业务！也不取钱！"他又警觉了。"我取卡。"他瞪我一眼，示意我刷个身份证，然后递给我一个号。

刚坐定，我职业的敏感性又发作了，没事看看营销材料的摆放，那边瞅瞅柜员有没有标准的招手礼，一举一动有点神秘人的意思。不过渐渐地，我被那边开着门的理财室的理财经理慢慢征服了。

首先说，听人家谈话是不对的！但是，我这情有可原，第一，她说话的声音在我的座位能够清晰地听到；第二，闲着也是闲着。不过就这一听，让我这个干了多年讲师的老手佩服得五体投地！（理财经理，女士，目测 40 岁左右。客户，女士，富态，约 40 岁，对话估计已经很久，客户已经听得入神了。）

"慧玲姐（音译），我跟您说，像您这种不到年龄就想退休的，真应该给自己多一些保障。我知道您的想法，家境不错，先生、孩子需要照顾，总有人需要做出牺牲，结果您就准备退休了。这时候，我真得嘱咐您两点：一是退休工作不要退出圈子，一定要有自己的朋友圈子，围着老公和孩子最容易失去自我，千万不能和外界脱轨；二是一定要买几份保险，感情是把心交给别人掌握，而保险才是对自己的制度保障，这是知性的、独立的投资，我一直觉得，独立才是智慧女性的首选。

……

“你这么想我就放心了。人家不是说，老公生气，多半是惯的，往死里揍一顿就好了，哈哈。”

“对了，你家老二几岁了？……5 岁？听话吗？不听话怎么办?”

客户：“他爸揍他，我拦着不让揍，老为这个吵架。”

“你们现在的心态啊，就是这样：犹豫打还是不打孩子，一是心疼孩子，二是后悔，生怕打孩子会在孩子的心里留下不良的阴影，是不是？

“我的建议是，打是一种教育，得让他知道为什么打他，这次打几下，下次如果再犯怎么办，下手不能重，打完了让他明白爸爸妈妈也很伤心，即使他错了，爸爸妈妈还是爱他的。打只是为了记住。另外，慧玲姐，过了 6 岁就别打了，两岁以下和六岁以上就不要打了，两岁以下打也记不住，大了有自尊了。

“慧玲姐，我跟您说，小孩哭肯定伤肺，打哭了，给他吃些白色的蔬菜，中医讲究‘白色入肺’……吃什么，比如菜花就好，菜花不但预防感冒和呼吸系统疾病，而且是血液的一种清理剂。菜花，不是西兰花，西兰花是含有类黄酮，那个是阻止胆固醇氧化的，多吃些预防心脏病的。

“对了，上次听您说，您家先生属龙的吧？真的属龙的?！慧玲姐我给您说，我家先生也是属龙的。属龙的可有意思了，总喜欢占主导地位，特爱干净，哪怕是狮子座的，也特别爱干净。经常表现出无所谓，其实，心里别扭着呢！是不是？哈哈哈……

“我们行去年有一批马年的纪念金条不错，您要不给您家先生存一根呗。这叫‘龙马精神’，我去年就买了一根，特别漂亮……就是，我让他们给您找找，还有没有……

“姐，您给您家先生置办了金条，您可得让他也送您礼物……要我，我觉得真可以要一份美容大礼包。您说，有什么比投资这个更值的，比如，这里提拉一下，那边做些保湿。那天我还琢磨着，削削颧骨呢！您知道么，我现在研究发现，颧骨高了，怎么打扮气质都差些。您看您这脸型就特好。

“那天网上说，黄渤这演员不错吧，演个小市民不用化妆，但是演个大腕就没感觉了，就是颧骨有些高……不说这些了，咱聊正事！”（正好客户这时候来电话了……她送客户出理财室）

我头上发汗了，就这还没聊正事啊？

此时，理财经理出门一瞅我：“您办什么业务？”

我带着由衷的敬意，咧着嘴笑着说：“我是咱行客户，业务不重要，您这懂得也太多了！您也给我算算，我也属龙的！”（老李这开场白刚扯完，她也乐了。）

“我就是多看点书，没什么。办什么业务？”

（省略若干过程）

“您的分数符合我们理财金账户的要求，来给您办个金卡，以后不用等了……”

我对这个话还是比较熟悉的，不过基于对这位理财经理的好奇，因此我提出了交换条件：“给我说说，您怎么海阔天空什么都知道？”

“其实没什么，就是坚持三点：一是，跟客户交流要有道德规则，只有让别人开心、舒服，我们才能帮助客户配置好资产；二是，多和客户沟通，我每天不闲着，多开口，和客户交流的过程也是学习的过程，不懂的、有意思的，就百度一下，知识就丰富了；重要的是第三点，我给客户配置很多优秀的基金，市场涨跌，都对冲了风险，客户都信任我！”

二、你以为你以为的就是你以为的

道哥

总以为杜月笙是黑社会无恶不作，后来才知道当年他开办了很多医院和教育机构。

总以为南宋不思进取偏安一隅，后来才知道当时人民反对收回失地，因为怕增加税负。

总以为别人说从某个角度看我很漂亮是夸我，现在想想是说其他 359 度我都不咋样。

总以为纳斯达克是一个遍地黄金的市场，现在才知道 23 年 1.3 万家公司退市，8 成是僵尸公司。

总以为电脑前放仙人掌会防辐射，根据研究，尚未发现任何植物可以防辐射。

总以为徐志摩的笔名云中鹤很帅，后来看到金庸笔下采花淫贼也叫云中鹤，后来更知道，他是金庸的表哥。

总以为月薪 1 万元，到手才 7454.30 元，后来知道公司要为此付出 14410 元。

总以为《乌鸦喝水》的事情是可行的，但是多次实验证明，绝大多数瓶子不可能喝到水，还不如直接在取石头的小河边喝水。

总以为秦始皇统一了中国，后来才知道还有个卫国一直没有统一。

总以为市场调整是因为降低杠杆，后来才认识到做空力量是核心因素。

总以为自己追求的是高收益，其实首先要的是低风险。

总以为资产增值赚钱要靠择时和选股，后来才知道多元合理的配置才是根本。

总以为黄金是能保值增值的，后来才知道这个是防范信用风险的。

原来，不是我以为的，就是我以为的。

三、我的妈妈是理财经理

兜兜转整理

我的妈妈是理财经理，每天早上当一轮红日映朝阳的时候，她就出门上班去了。她每天的工作我很羡慕，天天可以和别人讲话。我们上课不让随便讲话，而她们上班可以随便交头接耳。妈妈说这是她们的工作，而且说话说多了也会很累。我想这是真的，因为晚上妈妈回来的时候，总是不爱说话，爸爸说她是说话说得太多了。爸爸常跟我说，好在他没有在银行上班，一家子如果有两个干金融的，那就没人管我了。上次生病，爸爸带我去医院，也是等妈妈下班之后告诉她，说怕她听到着急，记错了账。

妈妈的工作我一直不懂，上次有一个长着瓜子脸的阿姨和妈妈聊天，总是听到她们说“存款”“理财”什么的。后来一想，妈妈平常在朋友圈里，也总是发好多看不懂的算术题，妈妈说那些是理财产品，是让每个人的钱生钱的。其实我知道，妈妈是希望他们把钱存到她那里，才能够让她工作更轻松一些，才能让她不那么辛苦，让她有更多的时间陪着我一起玩耍。

虽然妈妈陪我的时间不多，但我很佩服我妈妈，有一次我见过她数钱，像火影忍者一样的速度；她还会修电脑、修我的玩具；院儿里的人都喜欢和妈妈聊天，我们的李老师也是，虽然妈妈很少参加我的家长会。还有就是，妈妈可以很久不去厕所，不过我知道这样不好。

母亲节，我第一次给妈妈准备了礼物——润喉片，妈妈吃了喉咙就不会难受啦。还有，理财别忘找我妈。

第七章 理财悦读——既是专家更是杂家

一、第四次造富浪潮中的客户群的特点

红脸君

中国改革开放以后，暴富浪潮有三次：第一次为乡镇企业发展，创造了大批的农民企业家；第二次为国企改革，以及相关政策所惠及的转型人群；第三次为房地产爆发增长，以及所带动的相关产业。

当前，在国家引导下，以互联网、新科技为背景的第四次财富浪潮已经来临，我们身边开始出现大批凭借技术、创意及互联网资源财富快速增值的人群。在天使投资、创投融资的驱使下，出现越来越多的成功案例。

从理财规划视角，第四次财富浪潮人群表面看有以下的特点：①受过高等教育居多；②年龄结构较轻；③有一定风险承受力；④有积极的参与意愿；⑤有一定的研判能力。

某理财经理向某创客阐述信托产品的投资标的，该投资人在了解后当时就决定投资，且通过互联网根据历史的分析，决定了自己的投资额度。

曾有某机构在某中关村产业园，对创业者理财规划进行调查。调查结果显示，该类人群对理财产品的偏好为：更青睐固定收益产品。对信托、P2P、银行理财有着选择性偏爱。

这个调查结果与我们的认知存在差异，但通过实际的沟通得出这样的原因。第一，该客群在获得财富初始阶段，长期处于轻资产、负资产状态，对风险反而有天然厌恶。思维模式还未完全转变。第二，该类客户对于简单逻辑产品偏爱，对待复杂产品反而并不愿意去深入研究。第三，在

其圈子中，理财性投资并未成为风潮，因此信息交流并不多。另外该客群受互联网及媒体信息影响较大。

基于此，对该客群在理财规划中，低风险产品的介入、理财理念的不断影响，客户习惯的培养是先期导入的工作。随着该客群年龄的增长，社交维度的拓展，综合性的理财规划似乎更为恰当。

在国家的倡导下，第四次财富浪潮的来临，有助于平衡理财人群结构，也对理财经理提出了更多的专业要求。

二、推荐产品是一种习惯

对门老李

对于理财经理来说，推荐产品就是一种习惯。对于理财经理来说，证券市场可能不确定，但起起落落是确定的；客户需求可能不确定，但合理配置是确定的；在不确定中寻找确定的事情，就是对的。

很多理财经理朋友喜欢销售固收类的产品，理财、比如国债，等到股市行情来的时候，突然发现客户开始流失、突然发现自己的技巧缺失、突然发现人家的一单收入远超自己……

如果说，固定收益的产品可以让理财经理和客户交好，那权益类产品兴许可以让理财经理和客户交心。销售权益型产品之利，远不止如此，它可以让理财经理分享客户赚钱的惊喜，它可以更深地增加客户的黏性，它可以让理财经理变得自信，它可以让理财经理的经历更丰富。

如此多益处，理财经理为什么怕给客户推荐权益产品？说到底，怕客户亏损，怕客户进而埋怨，怕客户流失。

基金产品的业绩，在一定程度上是不能把控的，但理财经理能够把控产品配置，能够把控自己的服务，能够把控客户最大的回撤。

在理财经理的理财生涯中，大多有一个感悟，多产品的配置非常重要，只要你给客户的产品不是都赔钱，那么就有底气面对客户。而如果你仅给客户配置一种产品，即使全是保本保收益的，他没有赔钱，当有更好的机会时，客户也会离你远去。理财经理与客户感觉最近的那一刻是什么时候？不是客户马上赚钱的时候，而是与客户风雨兼程之后，从亏损陪伴到盈利的那一刻。建行有句广告语“以心相交，成其久远”。客户绝对不是上来就跟你要交心的，只有你们之间共同经历过一些事情，才能真正地“与心相交”。

无论市场上涨还是下跌，理财经理都有各类的产品向投资人推荐。可以选择这个产品或者那个产品，对客户切勿涸泽而渔，更不能因噎废食。

给在牛市初期市场中还在观望的理财经理几个建议：牛市不言顶部，大胆推荐基金；推荐组合为主，注重均衡配置；紧盯产品表现，随时反馈客户。

牛市中，如果客户仍然犹豫，可从定投入手、可从低风险基金入手、可从股民入手、可从前期信托获益、可从房产投资获益的客户入手……

三、为何跳槽之后想到的却是原单位的好

兜兜转

春天来了，万物复苏，想跳槽的那颗不安分的心又开始悸动，这是一个换工作的高发季节。但是多数人在跳槽之后，对原来的公司反而有了更深厚的感情。曾经驱动换工作的那些因素，诸如：福利差、强度高、领导不好、制度严苛，甚至每天要求着装，在跳槽之后，有些反而对原单位的情绪变得温和起来。当初单位的好处，不断地映入脑海。这是为何？新环境的陌生加深了对熟悉环境的记忆。

刚刚入职新岗位，同事的不了解、领导磨合、新工作的不适应，都会面临各种的困难。特别是公司文化上的差异，在一开始会特别的强烈。这个时候，人往往有意愿驱动自己去融入或者寻找相似经历的人。比如一批新员工入职，最后这批人的感情会比较好，可以称为“同年”，就是这个

原因。

部分人对离开原公司有“负罪感”，如今很多人都是主动离开原单位，所以多多少少会产生一些“原公司培养自己多年，现在自己却离开了”的负罪感。基于这样的一个心理暗示，也容易想到之前公司的好。

外面的世界很精彩，外面的世界很无奈。曾经对新工作的畅想，难免有落空的地方。因此，此时想到前单位的好，也是必然的。

跳到新的单位，结果原公司突然业绩猛增，开始走上坡路，利润连年翻番，待遇急速提升，股权开始分配，这个时候，离开的人就更容易想到原公司的好了。

原因很多，不过想想也就罢了，既然已经跳槽了，翻篇重新开始了，努力工作吧！

如果还没有提离职，还是要认真地考虑清楚。哪里都会有机会，每个单位都会有问题，不要意气用事，想清楚。

四、做一个有新闻发言人风格的理财经理

一班长

傅莹，一头微卷的银发，面带笑意走向主席台，与大家亲切打招呼。过去三年，当傅莹作为新闻发言人，温婉、优雅地出场出现于媒体的聚光灯下，全国两会“政治季”的人大模式就正式开启了。

理财经理要跟傅莹学什么？一班长认为有三点。

1. 倾听、沟通与亲和力

一场人大新闻发布会不亚于一场战役，同样，理财经理每次对客户的营销，也相当于一场战役。要赢得“客户购买”这场战役，理财经理除了要有知识储备、应答技巧之外，沟通与亲和力也是必不可少的。但是在此之前，当理财经理用倾听技巧让客户更多地说出他的困难、他的需求，让客户与理财经理从甲方乙方变成倾诉者和倾听者时，“沟”才可以“通”。

2. 逻辑清晰

逻辑清晰也是傅莹新闻发布会的另一大特点。多年的外交工作和经历，让她在中外话语间切换游刃有余。比如，外媒每年抛出的中国国防预算问题，其实暗含着对中国军力增长的担忧。每当遇到这样的问题，傅莹会先用轻松幽默的方式回应严肃的提问，缓和了现场气氛。随后，她会把中国为什么要上调国防预算，以及中国和平发展的理念，以清晰的逻辑呈现出来，以毫无违和感的方式让人更容易理解和接受。傅莹在回应香港政改方面的问题时，提及了内地热播的娱乐节目《奔跑吧！兄弟》，瞬间把严肃的政治议题转化为内地与香港一家亲的温情描述。

一个好的理财经理，在面对客户质疑的时候，一定不能自乱了阵脚，最好是以专业知识，沉着应对。在此，作者推荐一个五步法供读者使用。

客户问，“我去年的基金还在亏损，为什么现在还要买新基金?”

（1）这是一个很好的问题！（赞赏客户提问题）

（2）您的问题是，因为去年买的基金还一直处在亏损状态，所以要等到它扭亏了您才会考虑买新基金。（确认问题的关键点，给自己留时间准备）

（3）其实一开始我也是这样认为的。（对客户的问题表现出同理心）

（4）后来发现这两年市场轮转太快，以去年第四季度为例，“熊”了好几年的金融地产突然暴涨，但是享受到那波行情的人，还都是被套了很久的客户。从另一方面，我认为应该多加几个板块的配置，您看去年您亏损的那只基金是投资医药的，医疗板块本身就是分大小年，一年好一年不好，今年医疗还是有机会的，但是同时您再配置一只最近热点的一带一路基金（营销话术请参照销售有道公众号）。（提出解决方案）

（5）不知我这样是否可以解答您的顾虑。（以反问的口语强调结果）

3. 拥有关键时刻直面困难的勇气

傅莹除了给人亲和力强、思路清晰的印象外，出色的能力和关键时刻直面困难的勇气也广受认可。傅莹担任全国人大新闻发言人以来，从不回避外界提出的敏感问题。例如，在十二届全国人大三次会议的新闻发布会上，傅莹就直面人大代表涉嫌违法违纪人数不断增加的尖锐问题。傅莹明确表示，人大代表不能无语无为，更不能违纪违法，回答中没有对某些人大代表的违纪违法行为文过饰非。她的坦率、诚恳、执着是真正具有责任感的体现。

一个理财经理，当面对市场无脑暴跌和突发黑天鹅事件时，一定要表现出直面困难的勇气，因为面对这只基金，我们今天退缩了，客户就会被别人抢走。只有我们及时与客户沟通，讲明市场的逻辑，给出新的解决方案，伴随客户共同渡过难关，才会跟客户关系更加牢固。

傅莹风格的新闻发布会，不仅代表中国作为一个大国的气质和心态，也带有典雅、精致的国际品质，以及有温度的人文关怀。希望傅莹风格能够传递开去，使更多理财经理成为资本市场和理财服务的优秀叙事者。

五、理财经理的九个段位

红脸君

做理财经理不易，做金融机构的理财经理更不易。考了 AFP（金融理财师）、CFP（国际金融理财师）或者 EFP（金融理财管理师），到头来发现，多数都没有应用场景。就像前段时间理财经理的一个聚会，某美女理财经理所唱的《凤凰传奇》理财版：高高的存款是我的爱，中收的指标无限期地赶，理财经理的条线是最呀最无奈，什么样的目标完成才是最开怀……

下围棋的人都知道，职业选手都有段位，理财经理也有段位。

一段：初段选手往往是刚入行或者调岗的新人。客观地讲，因为金融机构多少还是有些“高大上”的，所以人员的基础素质基本是可圈可点。此时，这些理财经理还不是真正意义上的理财经理，尚处于摸索阶段，见到客户还多少有些（金融理财管理师）忐忑，对产品了解也并不深入，经常遇到尴尬的情况，服务客户也相对基础。这些人要一到三个月才能够离开“新兵连”。

二段：这个阶段的理财经理已经开始能够独立地向客户介绍产品的优缺点，能够指导客户在自己这里下单。其中一些相对勤奋的人甚至已经开始有业绩产生，但他们中的多数还属于兢兢业业，慢慢积淀的状态。这个时期多数人大概要经历一年的时间，其中一部分人群开始建立自信，得到上级鼓励的情况也是这个时候最集中。

三段：在这个阶段，理财经理开始建立自己的风格，比如在产品风格偏好，精准客群的偏好等。在这个阶段，大部分理财经理能够对产品提出见解，也开始去思考销售的性价比。他们的业绩往往属于中上等，在客户中用自己的自信来说服客户。不过，研究销售政策，搞些擦边球的小动作也是他们。看山不是山的阶段，自信爆棚，略有点小张扬也是理财经理这个阶段容易出现的情况。此时，如果能够踏实、上进、谦逊，将为今后的职业生涯打下良好的基础。

四段：从四段开始，理财经理段位的晋升和年限大概没有关系了。有些做到四段的理财经理，开始转岗做管理或者承担其他的责任。四段理财经理开始横向的形成自己的圈子，在圈子中实现资源、信息等的共享，有自己黏性颇高的客群，在客户中有一定的影响力。这个段位的理财经理跳槽或者自己创业的比较多。

五段：达到这个段位，大概才符合“理财经理”的称号，前面，充其量就是“理财经理”“客户经理”层级的。这个阶段的理财经理，特点很多，比如说，不太在乎行内的各种考核，有自成生态的客群（什么需求的客户都有），有多位重量级客户。还有一个特点，这样的理财经理，在单位里很受其他员工的尊重，领导经常也很给面子。如果是在银行，一般一家二级银行这样的人不超过三个。

六段：再往下的段位，越来越顶端。这个阶段是情商与智商的分水岭，五段及以前，要求理财经理情商很高，在这个阶段，在情商很高的前提下，智商要更高。因为这样的理财经理有和谐的客户关系，有自己较深的市场与产品见解，与客户的关系不再是产品与销售的关系，而是私人财务顾问的角色。这个段位的理财经理广博的知识储备以及前沿的学习能力能够满足客户的财务需求。比如，银行的客户关注到P2P，六段理财经理能够合理地分析出P2P的六种类型，并可以指导客户进行合理配置。

七段：写到七段的时候，大红脸脑海里浮现出一句话，丽思·卡尔顿酒店的服务名言“我们是先生、女士，我们服务先生、女士。”这种服务代表的是气质与优雅。这个段位的理财经理拥有专业化的知识背景、合理的沟通技巧，可以给人以气质的感受。高水平选手确实不多，我们关起门来讲，这种气质的培养需要有一个长期的氛围。对于理财这个在中国只有十余年历史的职业来讲，确实还需要时间得以成熟。（不多，不代表没有。我曾与这样的选手交流过，专业交流的背后是一种舒适的体验，有良好的教育背景但不做作，打理巨大财富但不傲慢，这大概就是魅力与教养。）

八段：这个阶段的理财经理，往往具有产品创造力，是理财界的意见领袖。他们能够调动服务的客户群，按照他们的方向前行。他们善于整合资源，在理财增值的基础上，整合客户之间的资源，让客户感受到他赋予的多种附加值。这样的理财经理往往参与到高净值客户的事业当中，以独立的身份，合作伙伴的方式打理着客户和自己的财富。他们也可以调动多种资源，无论是人力还是财力，提供深层次的财务服务。没错，这样的理财经理已经不是一个人，因为他们往往是一个精英团队，以团队的力量来进行多维度的服务。

九段：中国有“宇宙大行”，也一定会有九段的理财经理。在这里，咱们就别框架九段能干什么了。他有可能是“大内高手”，有可能是全球翘楚，咱们留个盼头吧！

附　录

附录一　理财经理宣言选登

用心服务客户，用心提升自己，用心成就理想。中国银行　潘芹

投以有限财富，规划无限人生。中国银行　周丽娜

微笑只是起点，服务没有终点，陪伴共渡牛熊！中信银行　周文强

善理人生财富，乐享财智生活。中信银行　周可伊

坚持用正确的资产配置理念引导客户，不要在意眼前的得失。中国银行　陈彩霞

专业塑造品牌，信任共创未来。招商银行　周迅

用我的专业与责任，营造您一生的财务自由。中国银行　胡婷婷

得客户心者得天下。招商银行　李晓男

服务提升体验，专业创造价值。平安银行　赵利朋

你的家业，我的事业。中国银行　周小玲

用我们的智慧为您的财富保驾护航，用我们的规划为您未来扬帆起航！中国农业银行　吕苗苗

保本不保守，理财就找我——你的一份信任，还你十分满意。中国银行　方小珊

有心服务，专心理财。中国邮政储蓄银行　周丽娟

便捷服务心体验，理财让生活更美好。上海农商银行　杨钰明

用诚挚的心理大钱小钱，创稳稳的财富美丽生活。宁波银行　陈文婷

为客户资产的保值增值保驾护航。交通银行　马书权

理财——财富助涨器。中国建设银行　朝克图

您的财富，我来护航。中国工商银行　丽杉

过去已无法改变，未来让我伴你理财得当，步步为营！中国工商银行　余幸妍

一路同行，共铸辉煌。北京农商银行　张赟

人生无限可能，因为我们同行，在财富之路走得更远。中国银行　彭韵

附录二 全国基金公司一览表

基金公司	注册资本（万元）	成立日期	办公地址	电话	主页
国泰基金管理有限公司	11000.00	1998－3－5	上海市虹口区公平路18号8号楼嘉昱大厦16－19层	86－4008888688，86－21－31081600	www.gtfund.com
南方基金管理有限公司	30000.00	1998－3－6	广东省深圳市福田中心区福华一路6号免税商务大厦22层，31－33层	86－755－82763888，86－4008898899	www.nffund.com
华夏基金管理有限公司	23800.00	1998－4－9	北京市西城区金融大街33号通泰大厦B座12层	86－4008186666，86－10－88066688	www.chinaamc.com
华安基金管理有限公司	15000.00	1998－6－4	上海市浦东新区世纪大道8号上海国金中心二期31、32层	86－21－38969999，86－4008850099	www.huaan.com.cn
博时基金管理有限公司	25000.00	1998－7－13	广东省深圳市福田区深南大道7088号招商银行大厦29－30层	86－755－95105568，86－755－83169999	www.bosera.com

续　表

基金公司	注册资本（万元）	成立日期	办公地址	电话	主页
鹏华基金管理有限公司	15000.00	1998－12－22	广东省深圳市福田区福华三路168号深圳国际商会中心第43层	86－4006788999，86－755－82021233	www. phfund. com. cn
嘉实基金管理有限公司	15000.00	1999－3－25	北京市建国门北大街8号华润大厦8层	86－10－65215588，86－4006008800	www. jsfund. cn
长盛基金管理有限公司	18900.00	1999－3－26	北京市海淀区北太平庄路18号城建大厦A座21层	86－4008882666，86－10－82019988	www. csfunds. com. cn
大成基金管理有限公司	20000.00	1999－4－12	广东省深圳市福田区深南大道7088号招商银行大厦32层	86－4008885558，86－755－83183388	www. dcfund. com. cn
富国基金管理有限公司	18000.00	1999－4－13	上海市浦东新区世纪大道8号上海国金中心二期16－17层	86－21－20361818	www. fullgoal. com. cn
易方达基金管理有限公司	12000.00	2001－4－17	广东省广州市天河区珠江新城珠江东路30号广州银行大厦40－43层	86－4008818088，86－20－85102688	www. efunds. com. cn

续 表

基金公司	注册资本（万元）	成立日期	办公地址	电话	主页
宝盈基金管理有限公司	10000.00	2001－5－18	广东省深圳市福田区福华一路115号投行大厦10楼，11层	86－755－83276688，86－4008888300	www.byfunds.com
融通基金管理有限公司	12500.00	2001－5－22	广东省深圳市南山区华侨城汉唐大厦楼13楼，14层	86－755－26948666，86－4008838088，86－755－26948070	www.rtfund.com
银华基金管理有限公司	20000.00	2001－5－28	北京市东城区东长安街1号东方广场东方经贸城C2办公楼15层	86－10－85186558，86－4006783333	www.yhfund.com.cn
长城基金管理有限公司	15000.00	2001－12－27	广东省深圳市福田区益田路6009号新世界商务中心40－41层	86－755－23982338，86－755－83680399，86－4008868666	www.ccfund.com.cn
国都证券股份有限公司	530000.00	2001－12－28	北京市东城区东直门南大街3号国华投资大厦9层、10层	86－4008188118	www.guodu.com
中银国际证券有限责任公司	250000.00	2002－2－28	上海市浦东银城中路200号中银大厦39－41层	86－21－20328000	www.bocichina.com
泰达宏利基金管理有限公司	18000.00	2002－6－6	北京市西城区金融大街7号英蓝国际金融中心南楼三层	86－4006988888，86－10－66577777，86－10－66577725	www.aateda.com

续 表

基金公司	注册资本（万元）	成立日期	办公地址	电话	主页
国投瑞银基金管理有限公司	10000.00	2002－6－13	广东省深圳市福田区金田路4028号荣超经贸中心46层	86－4008806868，86－755－83575999，86－755－83160000	www.ubssdic.com
银河基金管理有限公司	15000.00	2002－6－14	上海市浦东新区世纪大道1568号中建大厦15楼	86－4008200860，86－21－38568888	www.galaxyasset.com
万家基金管理有限公司	10000.00	2002－8－23	上海市浦东新区浦电路360号9层	86－21－38909600，86－4008880800	www.wjasset.com
金鹰基金管理有限公司	25000.00	2002－12－25	广州市天河区珠江东路28号越秀金融大厦30层	86－4006135888，86－20－83282855	www.gefund.com.cn
招商基金管理有限公司	21000.00	2002－12－27	广东省深圳市福田区深南大道7088号招商银行大厦28层	86－4008879555，86－755－83196351	www.cmfchina.com
华宝兴业基金管理有限公司	15000.00	2003－3－7	上海市浦东新区世纪大道100号上海环球金融中心58楼	86－4007005588，86－21－38924558，86－21－38505888	www.fsfund.com
摩根士丹利华鑫基金管理有限公司	22750.00	2003－3－14	广东省深圳市福田区中心四路1号嘉里建设广场一期二座17楼	86－4008888668，86－755－88318883，86－755－88318898	www.msfunds.com.cn

续 表

基金公司	注册资本（万元）	成立日期	办公地址	电话	主页
国联安基金管理有限公司	15000.00	2003－4－3	上海市陆家嘴环路1318号星展银行大厦9楼	86－4007000365，86－21－38784766	www.gtja-allianz.com
海富通基金管理有限公司	15000.00	2003－4－18	上海市浦东新区花园石桥路66号东亚银行金融大厦36楼，37层	86－4008840099，86－21－38650999	www.hftfund.com
长信基金管理有限责任公司	15000.00	2003－5－9	上海市浦东新区银城中路68号时代金融中心9楼	86－4007005566，86－21－61009999	www.cxfund.com.cn
泰信基金管理有限公司	20000.00	2003－5－23	上海市浦东新区浦东南路256号华夏银行大厦37层	86－21－20899188，86－21－38784566，86－4008885988	www.ftfund.com
天治基金管理有限公司	16000.00	2003－5－27	上海市复兴西路159号	86－21－60371155，86－21－60374800，86－4000984800	www.chinanature.co m.cn
景顺长城基金管理有限公司	13000.00	2003－6－12	广东省深圳市福田区中心四路1号嘉里建设广场第一座21层	86－4008888606，86－755－82370388，86－755－82370688	www.igwfmc.com
广发基金管理有限公司	12688.00	2003－8－5	广东省广州市海珠区琶洲大道东1号保利国际广场南塔31－33楼	86－95105828，86－20－83936666	www.gffunds.com.cn

续　表

基金公司	注册资本（万元）	成立日期	办公地址	电话	主页
兴业全球基金管理有限公司	15000.00	2003－9－30	上海市浦东新区张杨路500号时代广场20楼	86－21－20398888，86－4006780099，86－21－20398927	www.xyfunds.com.cn
诺安基金管理有限公司	15000.00	2003－12－9	广东省深圳市深南大道4013号兴业银行大厦19－20层	86－4008888998，86－755－83026688	www.lionfund.com.cn
申万菱信基金管理有限公司	15000.00	2004－1－15	上海市中山南路100号上海金外滩国际广场11层	86－4008808588，86－21－962299，86－21－23261188	www.swsmu.com
中海基金管理有限公司	14666.67	2004－3－18	上海市浦东新区银城中路68号2905－2908室及30层	86－21－38429808，86－4008889788	www.zhfund.com
华富基金管理有限公司	20000.00	2004－4－19	上海市浦东新区陆家嘴环路1000号31层	86－4007008001，86－21－68886996，86－21－50619688	www.hffund.com
光大保德信基金管理有限公司	16000.00	2004－4－22	上海市黄浦区中山东二路558号外滩金融中心1幢（北区3号楼）6层至10层	86－4008202888，86－21－80262888，86－21－80262466	www.epf.com.cn
上投摩根基金管理有限公司	25000.00	2004－5－12	上海市富城路99号震旦大厦20楼	86－4008894888，86－21－38794888，86－21－20628000	www.cifm.com

续　表

基金公司	注册资本（万元）	成立日期	办公地址	电话	主页
东方基金管理有限责任公司	20000.00	2004－6－11	北京市西城区锦什坊街28号1层至4层	86－4006285888，86－10－66578578	www.orient－fund.com
中银基金管理有限公司	10000.00	2004－7－29	上海市浦东银城中路200号中银大厦26楼，45楼	86－4008885566，86－21－38834999	www.bocim.com
东吴基金管理有限公司	10000.00	2004－9－2	上海市浦东新区源深路279号	86－4008210588，86－21－50509888	www.scfund.com.cn
天弘基金管理有限公司	51430.00	2004－11－8	天津自贸区（中心商务区）响螺湾旷世国际大厦A座1704－241号	86－22－83310208，86－4007109999，86－22－83865568	www.thfund.com.cn
国海富兰克林基金管理有限公司	22000.00	2004－11－15	上海市浦东新区世纪大道8号上海国金中心二期9层	86－4007004518，86－21－38555555	www.ftsfund.com.cn
华泰柏瑞基金管理有限公司	20000.00	2004－11－18	上海市浦东新区民生路1199弄证大五道口广场1号楼17层	86－4008880001，86－21－38601777，86－21－38784638	www.huatai－pb.com
新华基金管理股份有限公司	21750.00	2004－12－9	重庆市渝中区较场口88号得意商厦A座7－2	86－23－63710818	www.ncfund.com.cn

续表

基金公司	注册资本（万元）	成立日期	办公地址	电话	主页
汇添富基金管理股份有限公司	11762.30	2005－2－3	上海市浦东新区富城路99号震旦国际大楼22楼	86－4008889918，86－21－28932888	www.99fund.com
工银瑞信基金管理有限公司	20000.00	2005－6－21	北京市西城区金融大街5号新盛大厦A座6－9层	86－4008119999，86－10－66583333	www.icbccs.com.cn
交银施罗德基金管理有限公司	20000.00	2005－8－4	上海市浦东新区世纪大道8号国金中心二期21楼	86－4007005000，86－21－61055050，86－21－61055000	www fund001.com
建信基金管理有限责任公司	20000.00	2005－9－19	北京市西城区金融大街7号英蓝国际金融中心16层	86－10－66228000，86－4008195533，86－10－65228888	www.ccbfund.cn
信诚基金管理有限公司	20000.00	2005－9－30	上海市浦东新区世纪大道8号上海国金中心汇丰银行大楼9层	86－4006660066，86－21－68649788	www.citicprufunds.com.cn
汇丰晋信基金管理有限公司	20000.00	2005－11－16	上海市浦东新区世纪大道8号上海国金中心汇丰银行大楼17楼	86－21－20376868，86－21－20376888	www.hsbcjt.cn
益民基金管理有限公司	10000.00	2005－12－12	北京市宣武区宣武门外大街10号庄胜广场中央办公楼南翼13A	86－4006508808，86－10－63105559	www.ymfund.com

续 表

基金公司	注册资本（万元）	成立日期	办公地址	电话	主页
华商基金管理有限公司	10000.00	2005－12－20	北京市西城区平安里西大街28号院中海国际中心19层	86－10－58573600，86－4007008880	www.hsfund.com
泰康资产管理有限责任公司	100000.00	2006－2－21	北京市西城区复兴门内大街156号泰康人寿大厦7层	86－10－57691999	www.taikang.com/tkzc
中邮创业基金管理股份有限公司	30000.00	2006－5－8	北京市东城区和平里中街乙16号	86－10－82295160	www.postfund.com.cn
信达澳银基金管理有限公司	10000.00	2006－6－5	广东省深圳市福田区深南大道7088号招商银行大厦24层	86－4008888118，86－755－83172666，86－755－83160160	www.fscinda.com
诺德基金管理有限公司	10000.00	2006－6－8	中国上海市陆家嘴环路1233号汇亚大厦12层	86－21－68879999，86－4008880009	www.nuodefund.com
中欧基金管理有限公司	18800.00	2006－7－19	上海市浦东新区陆家嘴环路333号东方汇经中心5楼	86－4007009700，86－21－68609700，86－21－68609600	www.lcfunds.com
金元顺安基金管理有限公司	24500.00	2006－11－13	上海市浦东新区陆家嘴花园石桥路33号花旗集团大厦3608室	86－4006660666，86－21－68881801，86－21－61601898	www.jyvpfund.com

续 表

基金公司	注册资本（万元）	成立日期	办公地址	电话	主页
浦银安盛基金管理有限公司	28000.00	2007－8－5	上海市淮海中路381号中环广场38楼	86－4008828999，86－21－23212888	www.py－axa.com
华融证券股份有限公司	375513.68	2007－9－7	北京市西城区金融大街8号	86－10－58568139，86－10－58568199，86－10－58568118	www.hrsec.com.cn
农银汇理基金管理有限公司	20000.00	2008－3－18	上海市浦东新区银城路9号农银大厦50层	86－21－61095599，86－4006895599，86－21－61095588	www.abc－ca.com
东兴证券股份有限公司	250400.00	2008－5－28	北京市西城区金融大街5号（新盛大厦）15层	86－10－66555171，86－10－66555257	www.dxzq.net
民生加银基金管理有限公司	30000.00	2008－11－3	广东省深圳市福田区益田路西，福中路北新世界商务中心4201.4202－B.4203－B.4204	86－4008888388，86－755－23999888	www.msjyfund.com.cn
上海东方证券资产管理有限公司	30000.00	2010－6－8	上海市黄浦区中山南路318号31层	86－21－63326903，86－21－63326931	www.dfham.com
西部利得基金管理有限公司	30000.00	2010－7－20	上海市杨高南路799号11层02单元，03单元，04单元	86－21－38572666，86－21－38572888，4007－007－818	www.westleadfund.com

续 表

基金公司	注册资本（万元）	成立日期	办公地址	电话	主页
浙商基金管理有限公司	30000.00	2010－10－21	杭州市西湖区教工路18号世贸丽晶欧美中心B座507室	86－4000679908，86－21－60359000，86－571－28190000	www.zsfund.com
平安大华基金管理有限公司	30000.00	2011－1－7	广东省深圳市福田区福华三路星河发展中心大厦5楼	86－755－22623179，86－4008004800	www.fund.pingan.com
富安达基金管理有限公司	28800.00	2011－4－27	上海市浦东新区世纪大道1568号中建大厦29层	86－4006306999，86－21－61870666，86－21－61870999	www.fadfunds.com
财通基金管理有限公司	20000.00	2011－6－21	上海市银城中路68号时代金融中心41楼	86－4008209888，86－21－68886666	www.ctfund.com
方正富邦基金管理有限公司	20000.00	2011－7－8	北京市西城区太平桥大街18号丰融国际大厦11层1单元，9单元，11单元，12单元	86－10－57303700，86－4008180990	www.founderff.com
长安基金管理有限公司	27000.00	2011－9－5	上海市浦东新区芳甸路1088号紫竹国际大厦16层	86－21－20329999，86－4008209688	www.changanfun ds.com
国金基金管理有限公司	28000.00	2011－11－2	北京市海淀区西三环北路87号国际财经中心D座14层	86－10－88005888，86－4000200018	www.gfund.com

续表

基金公司	注册资本（万元）	成立日期	办公地址	电话	主页
安信基金管理有限责任公司	35000.00	2011-12-6	广东省深圳市福田区益田路6009号新世界商务中心36层	86-755-82509999，86-4008088088	www.essencefund.com
德邦基金管理有限公司	20000.00	2012-3-27	上海市虹口区吴淞路218号宝矿国际大厦35层	86-21-26010999，86-4008217788	www.dbfund.com.cn
红塔红土基金管理有限公司	20000.00	2012-6-12	广东省深圳市南山区侨香路4068号智慧广场A座801	86-755-36855888，86-755-61865878	www.htamc.com.cn
华宸未来基金管理有限公司	20000.00	2012-6-20	上海市虹口区四川北路859号中信广场16楼	86-21-26066999，86-21-26079020	www.hcmiraefund.com
英大基金管理有限公司	12000.00	2012-8-17	北京市朝阳区东三环中路1号环球金融中心西塔22楼2201	86-10-57835666	www.ydamc.com
华润元大基金管理有限公司	30000.00	2013-1-17	广东省深圳市福田区中心四路1-1号嘉里建设广场第三座7楼	86-755-88399008，86-755-88399000	www.cryuantafund.com
前海开源基金管理有限公司	20000.00	2013-1-23	广东省深圳市福田区深南大道7006号万科富春东方大厦2206-2209室	86-755-88601888，86-755-21518770，86-4001-666-998	www.qhkyfund.com

续 表

基金公司	注册资本（万元）	成立日期	办公地址	电话	主页
中原英石基金管理有限公司	20000.00	2013-1-23	上海市浦东新区花园石桥路33号花旗集团大厦17楼1708室	86-21-38874600，86-21-38556666	www.acfund.com.cn
江信基金管理有限公司	18000.00	2013-1-28	北京市海淀区北三环西路99号西海国际中心1号楼2001-A	400-622-0583	www.jxfund.cn
东海基金管理有限责任公司	15000.00	2013-2-25	上海市浦东新区世纪大道1528号陆家嘴基金大厦15楼	86-21-60586900，86-95531	www.donghaifunds.com
中加基金管理有限公司	30000.00	2013-3-27	北京市西城区南纬路35号	86-4000095526	www.bobbns.com
兴业基金管理有限公司	50000.00	2013-4-17	上海市浦东新区浦明路198号财富广场7号楼	86-21-22211888，86-4000095561	www.cib-fund.com.cn
浙江浙商证券资产管理有限公司	50000.00	2013-4-18	浙江省杭州市杭大路1号黄龙世纪广场C座11楼	86-571-967777	www.stocke.com.cn
中融基金管理有限公司	75000.00	2013-5-31	北京市东城区建国门内大街28号民生金融中心A座7层	86-10-85003388，86-10-85003210	www.zrfunds.com.cn

续 表

基金公司	注册资本（万元）	成立日期	办公地址	电话	主页
国开泰富基金管理有限责任公司	20000.00	2013－7－16	北京市东城区朝阳门北大街7号五矿广场C座10层	86－10－59363299	www.cdbsfund.com
鑫元基金管理有限公司	20000.00	2013－8－29	上海市浦东新区富城路99号震旦大厦31楼	86－21－20892000，86－21－68619600，86－4006066188	www.xyamc.com
上银基金管理有限公司	30000.00	2013－8－30	上海市浦东新区世纪大道1528号陆家嘴基金大厦9楼	86－21－60232799，86－21－60231999	www.boscam.com.cn
中信建投基金管理有限公司	15000.00	2013－9－9	北京市东城区朝内大街2号凯恒中心B座19层	86－10－59100288，86－4009108108	www.cfund108.com
华福基金管理有限责任公司	10000.00	2013－10－25	上海市浦东新区陆家嘴环路1088号上海招商银行大厦16层	86－21－20296211	www.hffunds.cn
国寿安保基金管理有限公司	58800.00	2013－10－29	北京市西城区金融大街28号院盈泰商务中心2号楼11层，12层	86－10－50850888，4009－258－258，86－10－57835512	gsfunds.com.cn
永赢基金管理有限公司	20000.00	2013－11－7	上海市浦东新区世纪大道210号二十一世纪大厦27楼	86－21－51690188	www maxwealthfund.com

续 表

基金公司	注册资本（万元）	成立日期	办公地址	电话	主页
圆信永丰基金管理有限公司	20000.00	2014-1-2	中国（福建）自由贸易试验区厦门片区（保税港区）海景南二路45号4楼402单元之175	86-592-3016500	www.gtsfund.com.cn
中金基金管理有限公司	10000.00	2014-2-10	北京市西城区太平桥大街18号丰融国际大厦17层	86-10-63211122，86-4008681166	www.ciccfund.com
北信瑞丰基金管理有限公司	17000.00	2014-3-17	北京市海淀区首体南路9号主语国际4号楼3层	86-10-68619388，400-061-7297	www.bxrfund.com
红土创新基金管理有限公司	10000.00	2014-6-18	广东省深圳市福田区深南大道4011号港中旅大厦6楼	86-755-33011866	www.htcxfund.com
九泰基金管理有限公司	20000.00	2014-7-3	北京市西城区华远北街2号通港大厦812-818室	86-10-83369933，86-4006280606	www.jtamc.com
创金合信基金管理有限公司	17000.00	2014-7-9	广东省深圳市福田区福华一路115号投行大厦15层	86-755-23838000	www.cjhxfund.com.cn
嘉合基金管理有限公司	10000.00	2014-7-30	上海市杨浦区秦皇岛路32号A楼1-2层	86-21-60168300，86-4000603299，86-21-60161900	www.haoamc.com

续　表

基金公司	注册资本（万元）	成立日期	办公地址	电话	主页
泓德基金管理有限公司	12000.00	2015－3－3	北京市西城区德胜门外大街125号3层	4009－100－888，86－10－59850188	hongdefund. com
金信基金管理有限公司	10000.00	2015－7－3	广东省深圳市福田区益田路6001号太平金融大厦15层02单元	86－755－83898788，86－400－866－2866	www. jxfunds. com. cn
新疆前海联合基金管理有限公司	20000.00	2015－8－7	深圳市福田区华富路1018号中航中心26楼	86－755－82788875，86－4006400099，86－755－82780666	www. qhlhfund. com
新沃基金管理有限公司	10000.00	2015－8－19	北京市海淀区丹棱街3号中国电子大厦B座1616室	86－10－58290600，86－10－68949996，86－400－698－9988	www. sinvofund. com

数据来源：Wind资讯。

后　记

当创办者把微信公众号的名字定格在“销售有道”四个字的时候，感觉名字起得大了。“道”这个字不是简单能论得清楚的，老子可以传道，庄子可以悟道，以我们的修行似乎难以阐释清楚。

初级选手做销售，大多喜欢一些“术”的东西。我们大概编辑过成百上千段所谓的“话术”，但是很可惜，靠着“话术”去销售的人鲜见卓越。

销售人员如果做一个销售能力的分级，大概可以分为：不称职、合格、优秀、卓越四个梯队。在人群分布上，合格者居多，优秀者较少，卓越人员更是凤毛麟角。每个人都希望做到卓越，但卓越的桂冠只属于真正杰出的少数人。

关起门来讲话，销售职业在中国走到现在非常不容易。想想在20世纪90年代，我们刚刚大学毕业之时，如果谁选择了销售作为职业，那将受到他人歧视的目光。因为中国的传统文化是“重农抑商”，现代开始出现真正的销售的雏形大概是改革开放初期的那些“倒爷”，然后国内销售人员开始慢慢去探索这条路。

这条路说实话并不好走，有太多的干扰或者所谓的经验影响着我们，比如保险行业的“台湾”“香港”讲师。保险行业在国内的地位不高，他们“功不可没”。在那个年代，一批在港、澳、台混不下去的保险从业者，到大陆换了一个身份就开始给销售人员上课，一味地强调洗脑，把好端端的保险产品推荐给了并不适合的客户。在香港，也曾见过真正的百万圆桌会员对营销的那种真诚与专业，也见过不入流的营销者下三滥的功夫。对门老李曾有一次给银行员工讲销售心态，课间有位顶着“台湾营销大师”头衔的讲师，非要占用时间给大家上体验课，窗帘一拉、灯一关就开始带着大家做操。眼看着大家从容忍到愤懑的态度转变，最后银行领导实在听不下去了，把灯一开宣布下课。

不是所有的人都适合做销售，但是销售这样的过程充斥着社会的每个角落。可以销售商品，可以销售人脉，可以销售梦想，可以销售你拥有的一切去满足你的诉求。

研究销售很多年，很多人问我销售的本质。思索良久，能够想到的层面大概是“交换”。比如，要销售商品，则需要用对方的需求交换。如果这个概念成立，至少会得出一个结论，如果要把东西卖给别人，就要想想能够给别人什么。日本“推销之神”原一平在开始做销售工作时不名一文，但是他可以给别人微笑与真诚，这为他换取了客户的保单。经济学教授菲利普·科特勒在营销理论中发现，当客户买钻头的时候，其实他需要一个“洞”。这大概是大道至简吧。

对于初学者，一定要把营销和销售分清楚。比如，之前帮助一个不太知名的白酒品牌做策划案，本书作者之一红脸君能做的是营销支持。在当前白酒市场不景气的情况下，想要脱颖而出是一件很困难的事情。我们先帮他在市场中树立标靶，然后通过打靶来借势传播自己的白酒。当时树立的靶子是“原浆”概念，通过痛批“原浆”炒作的同时，把好酒的概念重新引回工艺和口味上。这样的打法获得了比直接硬广告更好的效果。

销售则相对微观一些，就好比一个是战略、一个是战术。营销不直接接触敌人，但是海陆空的阵势全要摆好，最好再有一些斯诺登这样的人搞情报。销售则是大到一个集团军、小到一个特种兵的作战。曾经看到一个朋友这样写他的销售案例：

某企业发标，A、B、C 三个公司投标。其实 B 企业早已被内定，A、C 只是来陪标的。A 公司项目经理不服气，直接给企业董事长打电话，“李董，我是A公司，冒昧给您打电话，听说这次投标B公司已经内定，是不是?”董事长当然否认，说他们是公平对待。然后，A公司项目经理安排人冒充C公司人员给董事长说了同样的话。当这两家公司都打了电话后，董事长破天荒地出现在现场。该企业总经理不敢马虎，最后在公平的前提下，A公司中标。这是一个团队作战的销售战役，当然，这么做的结果不够地道，并不适合长远合作。

销售人员在销售上，专业、勤奋、尽心无比重要。我不完全同意“细节决定成败”，但是细节确实也很重要。在亲身的销售案例中，曾经有一次在客户那里做完销售路演后，出门看到下雪了，于是傻乎乎地折返回来告诉客户外面湿滑，要小心。那个时候刚参加工作不久，行为还很单纯。不曾想这个举动打动了客户，那次成交了单笔金融产品销售额——数亿元。

我们从来不相信本山大叔在小品里演的“大忽悠”能够成功，这种销售方式只能做短线而不能长久。销售人员越老越值钱，不妨尝试下次在销售中说这样一句话：“也许您不适合这款产品，能说一下您的需求吗?”，也许这会让你和客户距离更近。

销售机会无处不在，一个小的机会能够成就一个有准备的人。销售之路也有险滩，几个月没有成绩的时候让人煎熬。这条路上，不仅要坚持，更要学会变通的坚持，穷则变，变则通。“销售有道”公众号，不是去教导别人怎么做，而是希望有志于在销售道路追求卓越的人们能够共同前行。

销售有道编委会